江苏正大天晴药业
股份有限公司资助

The Blue Book
on the China Malpractice Claim
and Medical Alert
2015-1·hepatobiliary

中国医疗诉讼与医疗警戒
蓝皮书　　第一卷·肝胆

王　岳　刘瑞爽／主编

2015

中国检察出版社

王　岳（1975—）

北京大学副教授，现任北京大学医学人文研究院院长助理、医学伦理与法律研究中心副主任，北京大学医学部卫生法教研室主任，北京大学医学部法律事务小组负责人，北京大学生物医学伦理委员会委员。兼任中国政法大学卫生法研究中心研究员，北京大学法学院硕士生导师。中国医科大学医学学士，中国政法大学法律硕士，武汉大学法学博士。中国卫生法学会理事、中华生命法学研究会理事。2014年受聘北京市人民政府法律咨询专家委员会委员。编著有《医事法学》、《外国医事法研究》、《疯癫与法律》和《医疗纠纷案例评析》等。

刘瑞爽（1968—）

北京大学副教授，现于北京大学医学人文研究院医学伦理与法律研究中心、北京大学医学部卫生法教研室从事卫生法学教学、科研工作，兼任北京大学生物医学伦理委员会委员，北京大学法学院硕士生导师。北京医科大学医学学士，北京大学法律硕士。曾任北医三院外科住院医师、骨科住院总医师、北京大学司法鉴定室司法鉴定人。兼任北京知仁律师事务所律师，北京市律师协会侵权法专业委员会委员。参编有《卫生法学》、《医事法》、《脑死亡——现代死亡学》、《医疗纠纷法律问题新解》、《精神卫生法律问题研究》。

序　言

　　医学是科学和文化的结晶，但又充满了不确定性和不成熟性。苛求医务人员在职业生涯中永远不出现错误是不现实的，从 Linda T. Kohn，Janet M. Corrigan 和 Molla S. Donaldson 将《孰能无错——创建更加安全的医疗卫生保健系统》的书名命名为 "To Err is Human" 就可见一斑。

　　但这不能成为我们经常出错的理由和借口，所以本书致力于帮助医务人员避免重复出现类似的错误，这是我们可以做到的！《中国医疗诉讼与医疗警戒蓝皮书》就是在这样的背景下策划定期出版的，旨在告诫相关领域医务人员吸取国内医疗诉讼的经验与教训，避免出现类似错误，提高医疗服务质量，保护患者安全。

　　肝胆手术是医科的一个大命题，包含面很广。近年来，肝胆患者越来越多，其中最普遍最具代表性的治疗目标为各部位癌变与肝胆结石。常用的治疗手法如联合肝叶切除、常规腹腔镜胆囊切除术、胰十二指肠切除术、胆肠内引流、肝囊肿开窗引流术、胆总管切开取石、T管引流术、腹腔镜肝叶切除术、脾切除、胆道镜取石术等。虽然是行之有效的手术方法，但手术难度较高，且均为肝胆外科中复杂的术式，有时还要视患者情况而定，进行辅助的海扶、放疗、化疗、超声介入治疗、放射介入治疗、免疫及中医中药治疗等方法，这更极大加强了常见肝胆外科手术术式的难度，并导致肝胆疾病相关医疗不良事件的比例不断攀升，导致有关医疗纠纷案件屡有发生，不但影响了医患关系的和谐，剥夺了医生本应享有的职业幸福感，甚至导致医务人员的职业安全得不到保障，而且严重侵害了患者的生命健康权益、知情同意权等。因此，为了保障患者合法权益，对这些案例进行分析、总结是非常必要的。

本书汇集了发生在全国多个省、自治区、直辖市肝胆领域的医疗不良事件案例，这些案例的收集者、提供者来自全国各地从事医事法律教学、研究、实务的法学学者、医学专家、鉴定专家、律师等，在医事法学、医疗纠纷的调解、处理、鉴定及司法实践中分别有着丰富的经验。在体例上，本书中的每个案例均分为四部分：案情介绍、争议焦点、鉴定结论及分析评论。第一部分尽可能以简洁、明了、专业的病历小结方式对案情进行介绍；第二部分归纳医患双方对于该医疗纠纷的争议焦点；第三部分真实介绍鉴定结论，有的是医疗事故技术鉴定结论，有的是司法鉴定结论，有的则既经历了两级医疗事故技术鉴定，最后又进行了司法鉴定；第四部分是分析评论，大部分案例提供者的评论部分围绕案例中的医疗行为是否有过错、损害结果、医疗过错行为与损害结果是否有因果关系及责任比例进行了分析。这些分析是从司法鉴定人的角度对案件进行评议的，那么问题来了：这是否完全符合临床医学科学？是否完全符合真相呢？要正确理解这一点，就必须搞清楚临床医学思维与司法鉴定思维的区别以及法律真实与客观真实的不同。临床医学科学是一门科学，这就要求从业人员要有科学的思维，而科学是用来探索真相的，在没有明确的结论之前，科学的态度是明确的：必须实事求是，不能要求在一定的时间内、在材料不完备、方法不科学的情况下作出结论，否则不符合科学规律。例如，在没有明确诊断之前，临床上就不能迫于时限"明确诊断"，有的病人甚至住了几十年的院诊断都是"发热待查"。医务人员在临床实践中应坚持上述科学原则。而司法鉴定思维则不同于临床思维，司法鉴定是为解决司法中遇到的专业问题而服务的，这就要求司法鉴定必须在一定的时限内，依靠有限的、经质证的证据（如病历），尽可能地对事件进行还原。例如，医疗纠纷大多通过民事诉讼解决，民事诉讼的主要任务是定分止争，法律要兼顾公平与效率，既不能追求绝对公平，例如，无休止地探索事实真相——法院是不能拒绝裁判的，又不能为了片面追求效率不顾科学、不顾真相而牺牲公平。这就需要司法审判在遇到医学专业问题时达成一个平衡：在法定的时限内（如审限、鉴定时限），依靠医学专业人员的判断，提供给审理人员一个相对专业、客观、接近真相的鉴定结论，而非要求鉴定结论一定完全追求事实的真相，即追求客观真实，追求客观真实是科学的任务，这不是司法鉴定或行政鉴定的任务。最终，依据这个旨在接近真相的主观性极强的鉴定结论，达到一个尽可能接近客观真实的法律真实，在法定时限内，完成审判之维护社会稳定、运送司法正义的任务。即便可能在一定时间后，科学发展了，或者新的证据出现了，或者由于其他原因，在原判决生效、执行后，发现原有的鉴定结论不那么正确，也不能以原有鉴定结论或判决不符合客观真实为理由，认为当时的鉴定结论或审判不合法。只要当时的鉴定活动、审判符合程序正义的要求，就可以认为鉴定具有合法性。因此，需要说明的是，案例的编撰不是为了提供一个临床实践指南之类的规范或常规或标准，案例的分析部分可能严格从医学科学角度来讲是证据不充分的、略显片面的、粗糙的、主观的，但本书的目的是希望通过对一些真实发生的不良事件的介绍、分析，给肝胆外科医生一些启示，或者说一些警戒，尽可能吸取这些案例中的教训，并举一反三，将此运用于临床工作，避免重蹈案例中之覆辙，造福于患者，同时也有利于医界的发展。

　　本书所列举案例中，主要存在两种情况：一种是在临床实践中没有按照诊疗规范、常规操作，没有履行应有的注意义务而导致患者不良后果的事件，即按照侵权责任法所规定的医疗技术损害责任；另一种情况则是没有尊重患者伦理权利，如知情同意权、隐私权等，给患者造成损害的案例，符合侵权责任法的伦理损害责任。例如，对于替代医疗方案告知的忽略而造成患者的损害。对于这些医疗行为，透过司法鉴定结论，司法鉴定人的看法在某种意义上也可以指引临床医生的诊疗行为，以吸取教训，规避风险，提高医疗服务质量，促进医患关系的和谐，最终保障患者的生命健康等权益。

　　由于水平有限，时间仓促，编撰过程中定有一些疏漏，希望读者能够提出宝贵意见，以不断改进。

王　岳　刘瑞爽
2015 年 4 月于北医逸夫楼

目　　录

No. 1
ERCP 手术并发急性重症胰腺炎死亡一例

▌ 案情介绍

患者，女，69 岁。主因"胆囊切除术后 4 年半，右上腹不适 1 月，发现胆总管结石 4 日"，于 2009 年 6 月 15 日入住××医院肝胆外科。MRCP 检查提示：胆总管结石。入院诊断：胆管结石、胆囊切除术后、高血压、冠心病、乙型病毒性肝炎。检查无手术禁忌。

2009 年 6 月 19 日下午，行"经内镜逆行胰胆管造影"+"内镜乳头括约肌切开术"（ERCP + EST）+ 取石术，手术操作顺利。术中未出现明确活动性出血、穿孔迹象。术毕即给予吸氧、补液、止血、消炎、解痉、抑制胃酸分泌、预防胰腺炎药物等对症治疗。术后常规给予解痉、止痛、生长抑素预防胰腺炎等治疗。术后一小时，患者诉右上腹明显疼痛并伴有恶心呕吐，呕吐物为黄绿色胃内容物，急查血淀粉酶 241IU/L、谷草转氨酶 82 IU/L、谷内转氨酶 22IU/L、快速血糖 8.61mmol/L。考虑可能为 ERCP 术后引起的高淀粉酶血症，不排除急性胰腺炎发生的可能。

2009 年 6 月 20 日 0：00 时，患者出现腹部持续性疼痛伴腹胀、反复恶心呕吐，呕吐物为黄绿色胆汁样液体，患者呼吸急促，30 ~ 40 次/分，血压波动在 100 ~ 130/60 ~ 90mmHg，心律波动在 90 ~ 130 次/分，体温 37.6°C。上午 10：00 时查胸腹 CT 显示：（1）肝周少量积液；（2）胰头十二指肠周围渗出；（3）腹膜后肾周少量积液；（4）胸腔积液。腹部立位平片：肠管明显胀气，未见膈下游离气体。复查血淀粉酶（AMY）1139 IU/L、谷草转氨酶（AST）48.0IU/L、谷内转氨酶（ALT）23.6IU/L、快速血糖（GLU）10.81mmol/L、直接胆红素（DBIL）12.49μmol/L、总胆红素（TBIL）18.4μmol/L。考虑为急性重症胰腺炎，不排除外十二指肠穿孔的可能性。给予禁食水，迅速补充有效循环血量，生长抑素持续泵入抑制胰腺分泌，持续胃肠减压，抗感染，肠外营养，纠正酸中毒，纠正低钙血症，适量应用激素缓解全身炎症反应综合征。请心内科急会诊。

2009 年 6 月 21 日 2 时，患者烦躁不安，呼吸 46 次/分，脉搏 153 次/分，血压 116/75 mmHg，血氧饱和度 86%，病情加重，立即转 ICU 治疗。在 ICU 病房监护治疗病情无明显好转。6 月 23 日，患者病情进一步加重，0 时 15 分送手术室在全麻下行"剖腹探查术"，术中见胰腺头部、体部肿胀呈灰黑色，尾部肿胀，色暗，在以下上下缘切开胰腺被膜减压，右侧肝肾间隙、升结肠旁沟组织肿胀呈黑灰色，并延伸至右侧盆腔腹膜后间隙。遂行"胰腺被膜切开减压、胆总管切开探查、T 管引流、胃造瘘、十二指肠造瘘、空肠造瘘、腹腔引流术"。术后予报病危，2009 年 6 月 24 日 2：56 时，患者死亡。

争议焦点

患方认为：（1）医方对患者 ERCP + EST + 取石术后病情存在误诊，未对急性重症胰腺炎早期诊断和早期治疗；（2）医方为患者急性重症胰腺炎治疗中未尽注意义务及积极的抢救义务，延误治疗时机，治疗措施不得力，导致患者病情持续加重，最终死亡。

医方认为：（1）EST术前诊断明确，实施手术方案正确，患者出现症状后，及时查找原因及时诊治，但仍因不可预测的疾病发生发展因素导致重症胰腺炎的发生，属于现代化医学科学技术手段难以避免的并发症；（2）对患者的诊断、治疗和抢救措施均符合医学诊疗常规，医疗行为及时正确，不存在过错。

▌鉴定结论

诉讼中，经医患双方申请，××区人民法院就本案先后对外委托医疗事故技术鉴定和司法鉴定。

区医学会医疗事故技术鉴定结论为：本例不构成医疗事故。

司法鉴定结论为：医方对患者的医疗行为存在过错，该过错与患者的死亡之间存在因果关系，医方应承担的过错参与度以50%左右为宜。

受案法院最终采信司法鉴定结论，判决医方须承担患方医疗费、护理费、丧葬费、死亡赔偿金等全部损失的50%，并赔偿精神损害抚慰金5万元。

▌分析评论

1. 医方对患者"胆总管结石"诊断明确，有手术适应证，手术方式选择恰当。手术后出现急性重症胰腺炎是该手术难以避免的并发症。在出现上述并发症后，医方采取的诊疗措施（包括抗菌素的使用、开腹手术时机的选择、血细菌学培养）违反了急性重症胰腺炎的医疗常规。

2. 急性重症胰腺炎是ERCP手术最严重的并发症，为避免急性重症胰腺炎的发生，手术前后预防应用抑制胰酶分泌、对抗胰酶活性的药物，如抑肽酶、加贝酯等，并且在术后及时进行胃肠减压。但本例中的医方，却在术后四小时才开始应用，存在过失。

3. 根据急性重症胰腺炎的治疗原则，多器官功能障碍综合征和全身性感染是重症胰腺炎患者最突出的问题。严密的生命体征、器官功能监测和加强治疗是影响重症胰腺炎患者预后的关键。急性重症胰腺炎发病急骤，迅速累及多个器官，导致多器官功能障碍综合征，是病死率居高不下的关键性原因。患者出现多脏器功能障碍综合征的迹象时，应迅速转入综合性或外科ICU，使患者获得ICU医生指导下的外科、消化科、影像科和内镜等多学科综合治疗。本例中的医方在患者6月20日下午已出现少尿症的情况下，没有及时将患者送ICU进行综合治疗，而是继续于外科病房留观，延误了治疗时机，存在过失。

4. 关于急性重症胰腺炎的手术治疗问题。尽管目前对一般的急性重症胰腺炎倾向于采用非手术治疗，但对于病情发展急骤，迅速发生多器官功能障碍综合征，虽经积极非手术治疗，病情仍迅速恶化，应考虑早期手术。患者6月19日胆结石手术后即出现明显的胰腺炎症状，6月20日10：00时胸腹CT显示：（1）肝周少量积液；（2）胰头十二指肠周围渗出；（3）腹膜后肾周少量积液；（4）胸腔积液。下午18：00复查血象（见检查报告），显示血淀粉酶1139IU/L，6月21日13：55行床旁超声检查，显示胰腺增大，胰周、肾周、肝周积液。可见患者病情在短时间内明显恶化，此时如果仍强调非手术治疗，实际上是在延误治疗时机，应立即进行手术。从2009年6月23日剖腹探查可见胰腺头部、体部肿胀呈灰黑色，肝肾间隙、升结肠旁沟组织肿胀呈黑灰色，说明患者急性重症胰腺炎已经合并严重未控制感染。

5. 对于急性重症胰腺炎的抗生素选择，应早期、足量应用具有透过血胰屏障的广谱抗生素，目前临床一线药物为头孢三代药物而被陈述人在使用抗生素时，首先仅少量应用奥硝唑及左氧氟沙星类药物，当发现患者病情危重后，才大剂量应用头孢类抗生素，但此时已经失去对胰腺感染早发现、早控制的机会，存在过失。

（王　岳）

No. 2
超声误诊致胆囊切除一例

案情介绍

患者，女，27 岁。2009 年 10 月 14 日在××医院体检，超声发现：胆囊大小形态正常，壁欠光滑，厚约 0.3cm，于囊壁上可见多发强回声结节，后方伴彗星尾征，大者直径约 1.1cm×0.5cm，基底部有蒂。超声诊断：（1）胆囊壁腺肌增生症；（2）胆囊壁息肉样病变。2009 年 11 月 15 日，主因"查体发现胆囊腺肌增生症 1 月"入××医院治疗。入院查体：腹部平坦，未见肠形及蠕动波，无压痛、无包块，肝脾不大，莫非氏征（－），移动性浊音（－），肠鸣音正常，肛门正常。初步诊断：（1）胆囊腺肌增生症；（2）胆囊息肉。同年 11 月 16 日，医院术前讨论后，于当日告知患方手术风险：各种感染，麻醉意外，操作部位大出血，损伤邻近脏器，严重心律失常，术后心肺肝肾功能障碍，发生其他难以预料的、危及生命或致残的意外情况等，患者及家属签字同意。11 月 17 日 9 时 20 分，在全麻气管插管下行腹腔镜胆囊切除术。术中见：肝脏色泽正常，未发现占位，胆囊约 7cm×5cm，与周围组织粘连。术后一般情况好，无特殊不适。专科检查：腹平坦，无腹壁静脉曲张，腹部柔软，轻压痛，无反跳痛，腹部无包块。肝脏未触及，脾脏未触及，Murphy 氏征阴性，肾脏无叩击痛，无移动性浊音。肠鸣音正常，4 次/分。初步诊断：（1）胆囊腺肌症；（2）胆囊切除术后。11 月 18 日出院。11 月 19 日××

医院病理标本检查报告单（B0629716）病理诊断：慢性胆囊炎，胆固醇息肉形成。

争议焦点

患方认为医方主要存在如下医疗过失：（1）误诊误治：术前诊断胆囊腺肌增生症错误；术中未送冰冻；切除胆囊错误。（2）月经期进行非紧急手术，致使遗留内分泌失调。

医方辩称：（1）胆囊腺肌增生症病因不明，但有一定癌变率，超声诊断为其首选检查手段，可见到特异性征象，准确率90%左右；（2）胆囊手术术中冰冻不现实，目前常规只能切除后送病理；（3）该病行胆囊切除术的手术目的为减少癌变，术前诊断不可能与术后病理100%吻合，是该类疾病不能完全避免的情况之一；（4）术前B超检查完全吻合胆囊腺肌增生症的表现；（5）术前风险告知明确。医方诊疗行为不存在过失。

鉴定结论

诉讼中，经医患双方申请，××区人民法院就本案依法对外委托司法鉴定。鉴定结论为：医方的医疗行为存在过错，该过错与患者胆囊切除的损害后果之间存在主要因果关系，理论参与度为75%。患者胆囊切除构成九级伤残。

分析评论

（一）对××医院诊疗行为的评价

1. 关于首次B超诊断中的医疗过失

胆囊腺肌增生症的超声图像具有特征性的表现为：（1）胆囊壁明显增厚，可达正常的3~5倍（正常为0.2cm~0.3cm）；（2）增厚的胆囊壁内有小的圆形液性囊腔；（3）脂餐试验可表现为胆囊收缩功能亢进，而慢性胆囊炎则表现为胆囊收缩功能减低或丧失，此特征可助二者的鉴别。

B 超科专家复阅 B 超图像：胆囊大小形态如常，壁欠光滑，未见明显增厚（0.3cm），囊壁可见多发强回声结节，后方伴彗星尾征；局部囊壁见偏高回声结节，大小约 1.1cm×0.5cm，基底部有蒂。B 超科专家会诊分析认为：胆囊壁强回声及彗星尾征不具有特异性，慢性胆囊炎、胆囊壁胆固醇结晶等均可出现。本例患者胆囊壁增厚不明显，仅为 0.3cm，且胆囊壁内未见小囊样低回声、未做脂餐试验，故诊断胆囊腺肌增生症的依据不充分。

此外，医方也未向患方充分告知 B 超检查可能存在误诊、漏诊等风险，也未告知病理学检查才是该类疾病的诊断学金标准，导致患方对疾病病情的理解、认识不充分，存在未尽充分告知义务之过失。

2. 关于临床诊断及手术适应证的选择

（1）虽然 B 超是评估胆囊疾病的首要选择，但由于胆囊腺肌增生症常发生于 50 岁左右女性，患者青年女性且腹部无明显胆囊病变的阳性体征，术前应与慢性胆囊炎等疾病进行进一步的鉴别诊断，严格掌握手术适应证。

（2）2009 年 11 月 15 日患者入院时距离 2009 年 10 月 14 日门诊 B 超检查已一个月余，加之门诊 B 超检查胆囊腺肌增生症的超声图像并不十分典型，入院后，医方应复查 B 超，以进一步核实病情。

（3）由于 B 超诊断胆囊壁腺肌增生症依据不充分，术前检查不完善，手术适应证把握欠严格，导致该患者胆囊被错误切除，故医方未充分履行其应有的注意义务，存在医疗过失。

3. 关于胆囊切除术中冰冻切片的问题

鉴于胆囊解剖学的特殊性，结合目前国内医疗水平，仅少数医院可以开展胆囊术中做冰冻切片的技术，尚不能以此标准作为诊疗常规要求。因此，医方术中未能行冰冻切片病理检查，胆囊切除后送检病理，不能视为违反相关临床诊疗操作常规的行为。

（二）医疗过失行为与患者损害后果之间的因果关系

胆囊腺肌增生症为黏膜上皮局部变化、肌纤维增生与局限性腺肌增生。病因机制未明，临床症状与慢性胆囊炎、胆石症相似，无特异性，但有潜在恶变可能，被认为是一种癌前病变且易并发胆囊结石，手术适应证明确。但本病的术前诊断只能依靠影像学检查，B超为胆系疾病术前诊断的首选检查方法，发现特异性声像特点的诊断正确率在90%左右，说明仍存在一定的误诊、漏诊率；该病最终确诊依靠病理，术前准确诊断存在一定难度。

针对本例青年女性患者，医方术前检查较为单一，B超诊断胆囊腺肌增生症的依据不够充分，临床医生过度相信影像学辅助检查结果，而忽略了患者个例疾病的特点，手术适应证掌握不够严格，对B超检查结果存在一定误诊率的风险告知不足。医方诊疗行为存在过失，最终导致患者胆囊切除的损害后果。但考虑该病术前准确诊断困难，不能要求诊断绝对正确，故综合上述因素考虑，医方上述过失与患者损害后果之间存在主要因果关系，理论参与度为75%，应属合理范围。

（三）伤残等级

比照北京市《人体损伤致残程度鉴定标准（试行）》第2.9.35条及第3.2.28条之规定，评定为九级伤残。

（王　岳）

No. 3
车祸多发伤患者脾切除术后死亡一例

案情介绍

患者，男，52岁。2011年11月15日15：10时，因车祸外伤急诊入住××医院。事故伤及头、面、颈、胸、腹部约1小时（病史欠详，查体欠合作）。15：20血压80/55mmHg。查体：神志尚清，瞳孔（－），口唇渗血，下颌骨处见骨折征；面部散在皮肤挫伤痕；颈椎4、5棘突区压痛，左胸部挤压征（＋），腹部脾区叩痛（＋），骨盆挤压征（－），脊柱、四肢未及明确骨折征，脑N（－）。被诊断为"失血性休克、脾破裂、肋骨骨折、左侧血气胸、头外伤、下颌骨骨折"。

11月15日16：46时，CT医学影像诊断报告：左侧气胸、左侧皮下气肿、左侧肋骨骨折、考虑脾挫裂伤并肝脾包膜下血肿。

11月15日17：30时，临时医嘱单，医嘱：腹穿，执行时间17：30。

11月15日19：00～22：00，行剖腹探查术＋脾切除术，手术经过：术中见腹腔内有大量鲜红色液体，并有大量血凝块，共约5000mL。探查脾脏，可见脾脏脾门处完全破裂，活动性出血，止血困难，结扎、切断脾胃、脾结肠、脾肾、脾膈韧带，结扎并缝扎脾肾韧带，切除脾脏，缝合脾门处动静脉止血；探查可见小肠系膜根部有一长约4cm裂伤，予以丝线缝合……术中输红细胞8U、血浆400mL。

11 月 15 日 22：30 时病程记录：血压 138/76mmHg，心率 119 次/分，血氧饱和度 94%，患者出现舌后坠，血氧饱和度降至 80% 左右，立即应用喉咽通气道保持呼吸道通畅，血氧饱和度随即升至 99%。给予输血、抗感染、止血及补液等对症支持治疗，注意观察病情变化。

11 月 16 日 01：00 时，患者精神烦躁，四肢不安，难以正常输液，左瞳孔稍大约 3.2mm，右瞳孔 3mm，心率 140 次/分左右，血压 95/62mmHg 左右，血氧饱和度 99% 左右，尿量约 300mL，持续腹腔引流量约 200mL 淡红色液体，测 cvp13cm 水柱。

11 月 16 日 02：00 时，患者无烦躁，左瞳孔稍大约 3.2mm，右瞳孔 3mm，心率 130 次/分左右，血压 90/60mmHg 左右，血氧饱和度 99% 左右，持续胃肠减压引流出陈旧性血液约 80 mL，尿量约 500mL，持续腹腔引流量约 300mL 淡红色液体，给予继续补液等对症支持治疗，密切关注病情变化。

11 月 16 日 05：55 时，患者突然出现病情恶化，心率降为 60 次/分，血压降为 80/50mmHg，左耳一皮肤裂口渗血不止，持续腹腔引流出约 500 mL 暗红色液体，随后心脏停跳，血压测不到。多科会诊组织抢救无效，于 2011 年 11 月 16 日 9 时 20 分宣布死亡。在场家属不同意做尸检。死亡原因：多脏器功能衰竭、DIC、肺栓塞。

▌▌争议焦点

患方认为医方主要存在如下医疗过失：（1）失血性休克长时间没有得到有效治疗，直接导致患者全身衰竭死亡；全身各处外伤均非致命伤，与死亡无关。（2）患者实际出血量应该大于 5000mL。按照卫生部相关规定应当输入全血同时保证血容量和血摄氧能力，而医方不但没有输入全血，仅仅在术中输了红细胞 8 个单位和血浆 400mL，术后 8 个多小时内仅仅又输了红细胞 2 个单位和血浆 600mL。医方在患者第二日凌晨显著变化后再输入的血液制品已经无济于事。由于医方的严重过错，直接导致重度缺氧长时间得不到纠正，严重损害心肺功能和全身组织器官，是导致患者死亡的直接原因，医方应承担全部责任。（3）医方术后没有对重症病人进行重症监护，没有护理记录，术后观察明显不当；患者术后脉搏一直在 130～150 次/分，提示缺氧，医方一直没有查明原因；术后 8 个多小时时间一直没有复查血常规和血生化，以上足以说明医方不但管理混乱，医疗水平低下，严重不负责任，与患者病情延误、恶化有着重要的因果关系。

医方辩称：（1）患者车祸多发伤，伤情严重，救治难度大，预后差。（2）患者诊断明确，为挽救患者生命，需积极扩容的同时行急症剖腹探查术，医疗行为遵循临床技术操作规范，医方行为无医疗过错。（3）术后给予持续心电监护，严密检测呼吸、循环各项指标，尿量 800mL，cvp13cm 水柱，血压 138/76mmHg。继续液体复苏，积极院内会诊等措施，严格遵循临床技术规范，期间亦无医务人员渎职、故意侵害行为发生，医方行为无医疗过错。（4）成分输血是最科学的输血方法，全血经过保存后，其中血小板功能丧失，不稳定凝血因子也逐渐减少，并不能代替丢失的全血，加之潍坊地区无库存全血备用，故医方行为无医疗过错。（5）冷沉淀适应证中包括严重创伤及 DIC，医方行为无医疗过错。（6）患者失血量极大，约 5000mL，为挽救患者生命，输血是必要的治疗措施。（7）术后患者死亡建议行尸检明确死亡原因，患者家属拒绝并签字。医方行为符合临床技术操作规范，无违法行为发生。

鉴定结论

诉讼中，经医患双方申请，××区人民法院就本案依法对外委托司法鉴定。鉴定结论为：医方的医疗行为存在过错，该等过错与患者的死亡之间存在主要因果关系，参与度为 60% ~70%。

分析评论

（一）医方的医疗行为是否存在过错

1. 关于急诊时的检查和治疗

患者在急诊时检查及救治措施不规范。15：20 血压 80/55mmHg 时，已提示患者处于休克状态，但无脉搏、心率的检查记录；医方在明确诊断"失血性休克"的情况下，仅给予复方氯化钠 500mL 静滴，未按医疗护理技术操作常规对"失血性休克"尽快进行有效抢救，存在过错。

2. 关于住院后的诊断和治疗

根据患者的临床症状和体征以及 CT 报告结果，医方诊断"失血性休克、脾破裂、左肋骨骨折、左侧血气胸、下颌骨骨折等"成立，存在抗休克和急诊手术探查的指证，无禁忌证，行"剖腹探查术 + 脾切除术以及输血抗休克等"治疗措施符合医疗护理技术操作常规。但在 16：46 CT 提示"脾破裂"的情况下，未尽快行剖腹探查，且无任何针对"脾破裂"的抢救措施，直至17：30才行腹穿，19：00 才行手术，医方存在抢救不及时的医疗过错。

3. 关于输血、补液治疗

患者存在"多发骨折、脾破裂"等严重复合伤，伤后仅腹腔出血就达 5000mL 左右，属于极重度失血。对于急性大出血病例，快速补充全血是最好的救治措施，医方给予成分输血虽无原则性的错误，但补充量严重不足，术前 4 小时内仅补液 4000mL 左右，术前、后总计输血相当于 3000 多毫升，这个阶段患者血压进行性下降，脉搏 > 110 次/分，说明有效血容量严重不足，缺血、缺氧的病理状态未能及时有效地得以纠正，存在医疗过错。

4. 术后检查情况

医方术后未及时进行必要的化验室检查。如血常规、尿量、血气分析等，未能及时发现问题并纠正，故医方存在检测项目不规范的医疗过错。

综上所述，医方的医疗行为存在急诊时检查及救治措施不规范、未按医护常规进行有效抢救和住院后抢救不及时、输血、补液量不足以及术后检测项目不规范的过错。

（二）因果关系及参与度

因患者家属拒绝尸检并签字，故患者的死亡原因从病理层面上无法真正明确。根据现有病历资料，患者的死亡与以下几个因素有关：（1）患者自身原始的损伤极为严重：大出血 + 多发骨折 + 复合伤 + 重大脏器（脾）破裂，这种复合伤情预后较差，死亡率高；（2）医方作为二甲医院，条件有限（主要指血库的常规备血量有限），而致补充血容量不足；（3）医方的医疗行为存在急诊时检查及救治措施不规范、未按医护常规进行有效抢救和住院后抢救不及时、输血、补液量不足以及术后检测项目不规范的过错，而致患者不能及时地解除休克原因、补足失去的血容量、纠正酸中毒、恢复血压、纠正循环衰竭。故综合考虑上述因素，医方的过错与患者的死亡之间存在主要因果关系，参与度为 60% ~ 70%。

（王　岳）

No. 4
腹腔镜胆囊切除术转为开腹致损伤胆管一例

案情介绍

　　患者，男，64 岁。2012 年 1 月 31 日，主因"间断性上腹痛 10 年余"到 × × 医院就诊。现病史：患者于十年前突发上腹绞痛，持续性陈发加重，不伴恶心呕吐，不伴发热黄疸。就诊于当地医院，查 B 超示胆囊结石，0.3cm × 0.3cm，对症治疗后好转。其间间断性上腹部痛，常在进食油腻食物或饱餐后出现，疼痛为胀痛，可向右肩背部放射，不伴有发热、寒颤及呕吐表现等症状，口服消炎利胆片可缓解。曾于一个月前在当地复查彩超示胆囊结石伴胆囊炎（充满性）。为求进一步诊治，来院门诊，以慢性胆囊炎、胆囊结石收入院。既往糖尿病史 11 年余，口服格列本脲片，2 片/次，一日 3 次，盐酸二甲双胍片，2 片/次，一日 3 次。血糖控制平稳。入院诊断：慢性胆囊炎，胆结石，2型糖尿病。

　　2012 年 2 月 3 日，全麻下行腹腔镜中转开腹胆囊切除、胆肠吻合术、空肠侧侧吻合术。术中见：腹腔内无腹水，胆囊 7.0cm × 3.0cm 大小，张力不高，胆管变异，左右肝管汇合部直接汇入胆囊体，并见副肝管汇入胆囊，胆囊颈部和胆囊管即为胆总管进入十二指肠，遂中转开腹行胆囊切除术，胆肠吻合术，空肠侧侧吻合术。距 treitz 韧带 40cm处将空肠上提与肝左右管及副肝管吻合，在吻合口远侧行空肠侧侧吻合。术后合并有胆漏，持续高热，经抗感染治疗效果欠佳，经腹部 CT 检查发现合并有肝脓肿，于 2012 年 2 月 27 日行经皮肝脓肿穿刺引流。但仍间断出现高热，且合并有右肺不张、右下肺炎症、右侧胸腔积液、低蛋白血症、血小板减低，病情较重。于 2012 年 3 月 16 日、2012 年 4 月 19 日分别再次行经皮肝脓肿穿刺引流术等。2012 年 7 月 19 日，行胆肠 Roux－en－y 吻合术。术中见：空肠与肝脏、腹壁等之间紧密粘连，肠管未见扩张，肝脏形态、色泽、质地正常，肝脏右后叶膈面与腹壁有粘连，于第一肝门处空肠侧切开胆肠吻合口，可见吻合口处有线性结石一枚，随即取出，吻合口处有炎性狭窄，切开狭窄的吻合口，发现左肝管狭窄并随即切开，取出小结石两枚；右肝管未见明显狭窄，自体外肝右叶脓腔引流管注入生理盐水，可见脓性分泌物自右肝管流出等。术后给予抗感染、抑酸、营养支持、控制血糖、肝脓腔冲洗等治疗。出院诊断：慢性胆囊炎、胆囊结石、2 型糖尿病、肝脓肿、急性胆管炎、低蛋白血症。

2013 年 2 月 19 日，患者在湖南××医院行剖腹探查、再次胆探、右半肝切除、胆肠内引流重建术等。

争议焦点

患方认为医方主要存在如下医疗过失：（1）患者的胆管并无变异，医方所说"胆管变异"是为了掩盖其手术操作失误的事实，逃避责任；（2）医方为了隐瞒"误切胆管"的真相，采用了有悖"诊疗护理常规"的补救手术——胆肠吻合术，造成患者病情加重，甚至无法补救的后果；医方违规手术，未采取积极有效治疗措施，一再拖延导致患者肝脏硬化，被迫行肝脏切除术；围手术期处理不当，未及时采取有效的控制血糖的治疗措施、术前未预防性应用抗生素，延缓病情恢复；患者的损害后果是由于医方违反诊疗常规、隐瞒事实、逃避责任、擅自做了"胆肠吻合手术"造成的，应负全部责任；患者的损害后果为肝脏的近三分之二被切除，剩下的三分之一已经有病变；脾脏增大，脾功能亢进；引发肺炎；空肠大部分被切除；腹腔脏器严重粘连，低蛋白血症无法纠正，食欲减退，精神萎靡，糖尿病因手术、感染等因素而加重。

被告××医院辩称：（1）因医院进行大检查时，将患者胆囊标本作为废弃物处理掉了，现无法提供，应以病历记载为准；（2）医方行腹腔镜胆囊切除术中转开腹后发现，肝外胆管解剖异常，肝总管损伤，行肝外胆管端端吻合有困难，术中决定改行胆肠吻合术、空肠侧侧吻合术（由于时间紧迫，未再次和家属沟通），且胆管损伤不可能做到百分之百的避免，当时采取吻合术是最佳方案；目前患者的损害后果均是吻合术后的并发症；医方认可存在不足，承担全部责任不认可。

总结医患双方各自观点，争议焦点主要有三：（1）医方由镜切转为开腹是否符合医疗护理操作规范？（2）患者的胆管是否存在变异？患者的胆管损伤究竟是手术并发症，还是医方行为造成的损害后果？（3）医方的行为是否存在过错？如果存在，患者的损害后果与医方的医疗过错行为之间的因果关系及参与度如何。

鉴定结论

诉讼中，经医患双方申请，××中级人民法院法庭科学研究中心就本案依法对外委托司法鉴定。鉴定结论为：××医院对被鉴定人的治疗行为存在医疗过错，其过错与患者的损害后果之间存在主要因果关系，建议参与度系数值为 75%。

分析评论

（一）医方的医疗行为是否存在过错

1. 根据患方的主诉、病史、临床症状和体征以及 B 超结果，医方诊断慢性胆囊炎、胆结石成立。

2. 患方有行腹腔镜胆囊切除术的手术适应证，术前有告知并由家属签字，医方由镜切转为开腹符合医疗护理操作规范，但病历中未见有镜切转开腹的告知及签字，故医方存在告知不充分的医疗过错。患方在听证会上陈述"当时医生曾让家属签字，签字单上没有写开腹的理由，但是所封存的病历没有这张签字单"，属于事实认定问题，应向法庭举证。

3. 关于患者胆管是否变异问题，由于在听证会上医方陈述"因医院进行大检查时，将患者胆囊标本作为废弃物处理掉了"，故依据送检病历中手术记录来看，患者的胆管存在变异。但医方又在听证会上承认"损伤胆管"，并不是因为胆管"变异"而是因为胆管"损伤"而开腹，且手术记录中未记载相关的损伤情况，如损伤部位、程度等，故医方存在过错。

4. 胆管损伤属肝胆手术的严重并发症，且由于医方的补救措施（胆肠吻合术）存在瑕疵，术后预防感染、利胆治疗存在欠缺，导致其并发肝脓肿、胆道感染，使"胆肠 Roux－en－y 吻合术"、"右半肝切除，胆肠内引流重建术"成为必然。

综上所述，医方在对患者的诊疗过程中存在有镜切转开腹的告知不充分、损伤胆管却在手术记录中未详细记录和补救措施存在瑕疵以及术后预防感染、利胆治疗存在欠缺的医疗过错。

（二）因果关系及参与度

依据送检病历材料和听证会上对医、患双方的询问情况，患者的损害后果为部分肠、右半肝切除。

虽然医方在对患者的诊疗过程中存在有镜切转开腹的告知不充分、损伤胆管却在手术记录中未详细记录和补救措施存在瑕疵以及术后预防感染、利胆治疗存在欠缺的医疗过错，导致其并发肝脓肿、胆道感染，使"胆肠 Roux - en - y 吻合术"、"右半肝切除，胆肠内引流重建术"成为必然。但是患者自身疾病以及"间断性上腹痛 10 年余、糖尿病 11 年余"的病史，既是导致患者行腹腔镜胆囊切除术失败而不得不镜切转开腹的原因之一，也是导致患者目前损害后果的原因之一，故医方的医疗过错与患者损害后果之间存在主要因果关系，参与度系数值为 75%。

为促进肝胆外科临床技术水平的提高，减少不良事件发生造成伤害的风险，建议医务人员严格掌握适应证，规范手术操作过程。建议医疗机构加强对临床医务人员的培训和沟通，针对可能出现的不良事件及时开展评价，提出改进措施。

（王　岳）

No. 5
胆道闭锁患儿术后治疗不当死亡一例

▌▌案情介绍

患者，女，4 个月 24 天。因"胆道闭锁术后 2 月余"于 2008 年 3 月 28 日入住××医院外科。入院诊断：胆道闭锁术后。

4 月 7 日，行肝门空肠再吻合术，术后将患儿转入 ICU，给予呼吸机辅助呼吸、美平抗感染及补液等治疗。

4 月 8 日，患儿生命体征平稳，自主呼吸良好，予拔管。

4 月 9 日，患儿体温正常，偶有咳嗽，精神稍差，尿量可、深黄色。查体：神清，精神反应稍弱，呼吸平稳，口周无发绀，全身皮肤黏膜重度黄染，双肺呼吸音粗，未闻及罗音，心音有力，腹部胀满，未见肠型及蠕动波。当日将患儿转回外科，继续给予抗炎、保肝、褪黄等治疗。

4 月 11 日，患儿出现喘憋、痰多、双眼凝视，双肺可闻及细小罗音，腹部稍胀，腹腔引流通畅，引流液为黄色混浊液体。经吸氧、吸痰、抬高床头后稍缓解。床旁胸片：双肺肺炎。

4 月 17 日，患儿再次出现呼吸急促，伴咳痰加重，遂将其转入 ICU，给予吸氧、镇静、平喘、补液及美平、特治星、大扶康抗感染治疗。

4 月 24 日，将患儿转回外科，当日下午患儿出现烦躁、呼吸急促，经吸痰、放腹水后缓解。放出黄色浑浊腹水约

300mL，其中伴有较多气体。

4月25日，科内讨论，考虑肠漏，遂行"开腹探查+富强冲洗+肠漏修补术"。术中见结肠脾曲处肠系膜对侧有一椭圆形穿孔，大小约1.0cm×0.8cm，边缘整齐，黏膜呈唇样外翻，原肝管肠管吻合口已愈合，无漏口。术后将患儿转入ICU，给予检测生命体征，持续腹腔引流及抗感染治疗。

4月26日，将患儿转回外科，4月27日患儿一般情况好，生命体征平稳，体温37.7℃，腹腔引流量120mL，胃肠减压量80mL，腹胀较前好转，继续给予抗感染、补液及静脉营养治疗。

4月28日，患儿反复哭闹，体温38.2℃，腹胀加重，上级医师查房指示，患儿腹胀可能与腹腔感染加重有关，加用万古霉素抗感染。

4月30日，患儿腹胀较前加重，腹部平片示大量气腹、腹水、肠管淤张，考虑再次发生肠漏。当日下午行"开腹探查+腹腔冲洗+肠漏腹壁袋形缝合引流术"，术中见腹腔内有大量气体、约300mL混浊腹水，内含肠内容物，结肠脾曲处肠系膜对侧原穿孔处复发椭圆形串口，大小约1.0cm×0.8cm，边缘整齐，缝线断裂。术后将患儿转ICU，给予检测生命体征，急查血常规、血气，呼吸机辅助呼吸，美平、万古霉素抗感染，补液及保肝等治疗。

术后患儿病情不断加重，至5月9日17时20分出现呼吸深慢，心率84次/分，面色灰暗，反应弱。17时22分患儿心率35次/分，呼吸10次/分，给予心外按压，加压气囊给氧，17时40分患儿无自主呼吸，17时48分患儿家属签字放弃抢救，18时患儿死亡。死亡诊断：胆道闭锁术后，肝功能不全，胆汁瘀积性肝硬化，肠漏，弥漫性腹膜炎，脓毒症，多器官功能衰竭。

经医患双方委托，××尸检中心出具尸体解剖报告书，结论为：先天性胆道闭锁和继发性胆汁性肝硬化患儿，因胆肠吻合口慢性化脓性炎伴少量胆汁外渗造成弥漫性纤维素性腹膜炎，并合并双肺曲霉素菌感染，导致呼吸循环衰竭死亡。

争议焦点

患方认为：（1）医方故意隐瞒患儿病情（其中包括肝肠吻合口处胆汁长时间外渗及无结肠瘘的事实）；（2）两次以修补肠瘘的名义行虚假手术，质疑所谓的结肠瘘修补术中究竟做了什么？（3）由于手术原因加重患儿的感染情况；（4）出现感染后控制不当，导致患儿死亡的后果；（5）首次手术不当，导致胆汁慢渗。

医方认为：（1）两次结肠漏修补手术，均见原切口下结肠肝曲处系膜的对侧同一部位有一个 $1.0cm \times 0.8cm$ 椭圆形的穿孔；（2）患儿不存在肝肠吻合口漏，尸检报告患儿死因是肝肠吻合口慢性化脓性炎，伴胆汁少量缓慢长时间外渗造成外渗弥漫性纤维素性腹膜炎，由于神经反射因素引起患儿呼吸循环衰竭死亡；（3）对患儿出现感染后给予了积极的控制，包括联合使用美平等抗生素；（4）患儿手术均在医方手术室内完成，手术条件完全符合国家无菌标准，并定期对手术室的无菌条件进行检测。

鉴定结论

根据 2002 年中华人民共和国国务院第 351 号令《医疗事故处理条例》第一章第 2 条、第 4 条第 1 项，中华人民共和国卫生部令第 32 号《医疗事故分级标准（试行）》本例属于一级甲等医疗事故。

根据 2002 年中华人民共和国卫生部第 30 号令《医疗事故技术鉴定暂行办法》第六章第 36 条第 3 项之规定，医方负次要责任。

最终，受案法院采信了本例中的医疗事故技术鉴定结论，确定医方责任比例为 50%。判决医方应当赔偿患方医疗费、住院伙食补助费、陪护费、丧葬费等全部损失的 50%，并赔偿精神抚慰金 20 万元，驳回患方的死亡赔偿金等其他诉讼请求。

■ 分析评论

先天性胆道闭锁并非少见疾病，发病率为 1：8000 ~ 1：14000 个存活出生的婴儿，东方民族高发，男：女 = 1：2。争取早期诊断和早期手术可能获得更多的存活机会。日龄 60 天以内手术者，生存率可达 75%；60 ~ 90 天手术成功者为 40% ~ 50%；90 天以后接受外科治疗者降至 10%。术后合并症常威胁生命，最常见为术后胆管炎，发生率为 50% ~ 100%，会逐渐导致胆汁停止，再次手术恢复胆汁流通的希望仅有 25%、先天性胆道闭锁患儿若不接受外科治疗，仅 1% 生存至 4 岁；接受手术无疑能延长生存，报告 3 年生存率为 35% ~ 65%。待婴儿发育生长之后，再实行肝移植，以达到永久治愈。

1. 医方在对患儿的诊治过程中存在医疗过失。根据患儿"肝门空肠再吻合术"后的临床表现、辅助检查结果和尸检报告判断，在"肝门空肠再吻合术"后，医方诊断"结肠漏"缺乏依据。理由是：（1）在病程记录中并没有引流物具有"粪臭味"的记载；（2）腹腔穿刺液未培养出大肠杆菌；（3）关于结肠漏部位的描述，病程记录中与手术记录不一致；（4）尸检报告显示，未见结肠瘘（漏）。

2. 尸检报告结论显示，本例患儿的死因是：（1）胆肠吻合口慢性化脓性炎伴胆汁少量缓慢长时间外渗造成弥漫性纤维素性腹膜炎，由于神经反射性因素引起患儿呼吸循环衰竭死亡；（2）同时合并双肺多发性曲霉素性微脓肿，导致患儿呼吸循环衰竭死亡。患儿胆肠吻合口少量胆汁外渗，可能与该患儿为肝硬化患者有关，由于肝硬化所致的低蛋白血症导致营养不良性吻合口愈合不好，从而引起吻合口少量胆汁缓慢长时间外渗。

3. 胆汁性肝硬化为先天性胆道闭锁所引起的胆道梗阻之继发性病变。

4. 患儿肺、心、肝、胰、脾、脑和肾上腺等重度淤血水肿，是急性循环障碍及临终前的表现。尸检中未见结肠瘘，可能瘘口修补术后时间较长，瘘口已愈合。

5. 医方上述医疗过错导致"肝门空肠再吻合术"后的后续治疗不当，与患儿的死亡之间存在一定的因果关系。

6. 本例患儿为先行性胆道闭锁，到医方就诊时已接受过肝门空肠吻合术，且存在胆汁瘀积性肝硬化，手术风险大，预后不良，这些因素是导致患儿死亡的主要原因。

（王良钢）

No. 6
肝胆外伤手术治疗术后并发感染死亡一例

▌ 案情介绍

患者，女，54 岁。2011 年 2 月 19 日因"反复发作性上腹部疼痛 3 个月余"到××医院就诊，以"肝内胆管结石、胆囊切除术后状态"收入院。2011 年 2 月 22 日在全麻下行"左肝外叶切除术 + 胆肠吻合术"。术中探查腹腔见肝脏肿大，边缘钝，质硬，并有肝叶内淤胆，胆总管增宽。剖开胆总管，探查胆道，肝门部有大小不等数枚结石及碎屑，左肝管内有较多结石阻塞，于左肝大纵行剖开左肝管约 2cm，见肝管内有大量泥沙样及颗粒样结石阻塞，患者结石无法取尽，术中决定行左肝外叶切除术，并于小肠造口留引流管 1 枚，留肝下引流管 1 枚。

患者术后出现腹腔脓肿，于 2011 年 2 月 27 日转入其他医院，诊断为肝左外叶切除、胆肠吻合术后、腹腔积液脓肿、感染性休克、肺感染、I 型呼衰、凝血机制异常，并于当日行腹腔脓肿清除引流术。2011 年 3 月 6 日患者出院后死亡。

▌ 争议焦点

患者家属将××医院诉至人民法院，认为被告医院诊疗过程中存在医疗过错，导致患者死亡，主要有：（1）医方手术放置引流管堵塞，发生感染后未能及时发现和处理；

（2）患者术后发热，医方未能正确诊断感染原因，出院诊断仅诊断为切口感染，更没有采取正确的治疗措施，导致患者感染加重，最终出现感染性休克等情况死亡。

被告××医院辩称：（1）患者具有手术适应证，医院手术治疗方式正确；（2）术后诊疗、护理及各项处理措施正确；（3）术后一级护理，严密观察病情变化，观察引流管引流量，不考虑引流管堵塞；（4）保守治疗效果不佳及时转上级医院；（5）术前已告知术后相关并发症。

总结医患双方各自观点，争议焦点主要有：（1）医方在对患者术后出现发热、感染症状后诊疗行为是否符合规范；（2）是否存在延误早期诊断和治疗患者腹腔感染病情；（3）医方的诊疗行为与患者最终死亡是否存在因果关系及参与度如何。

鉴定结论

诉讼中，经医患双方申请，××人民法院就本案依法对外委托司法鉴定。鉴定结论为：××医院在对患者的诊疗过程中存在医疗过错，与患者死亡之间存在一定的因果关系，建议参与度系数值为50%。

分析评论

肝胆手术是医科的一个大命题，包含面很广。近年来，肝胆患者越来越多，其中最普遍最具代表性的治疗目标为各部位癌变与肝胆结石。手术治疗方法很多，而术后亦常会发生感染、瘘等并发症，加强围手术期的观察和处理，并结合患者个体情况综合分析，对及早发现和治疗不良并发症、减轻并发症带来的进一步损害具有一定的积极作用。

（一）医方的医疗行为是否存在过错

1. 根据患者的主诉、病史、临床症状和体征以及 CT 等检查结果，医方诊断肝内胆管结石、胆囊切除术后状态成立。患者病情具有行手术治疗的适应证，术中医院根据探查结果，在与患方沟通后改变手术方案，符合告知程序和要求。

2. 根据手术记录显示，医院术中于肝下和小肠造瘘口分别放置一枚引流管，此处放置引流管位置正确。病历记载显示，2 月 23 日肝下引流管引出淡红色渗液约 150mL，此后从 2 月 24 日开始肝下引流管均为引流出少许淡黄色渗液。患者肝下引流管引流量骤减，且术后患者血象、体温升高，B 超（2011 年 2 月 26 日）示腹腔少量积液，提示医院仅考虑切口感染的诊疗思维具有一定的局限性。结合 2011 年 2 月 27 日手术探查结果，"腹部肝下已粘连成团，左上腹肝断面少许黄染，考虑可为感染源，引流管从肝下经文氏孔达断面，但注水不通"，说明患者于被告医院术后确实存在腹腔感染和引流管堵塞的情况。说明被告医院在对患者术后肝下引流管引流量骤减所提示的引流管堵塞、腹腔感染的可能方面重视程度不足，而医院在患者出院时仍诊断为切口感染，在对患者术后腹腔感染的检查和诊断方面存在不足。此外，B 超检查所用的仪器设备以及检查者技术水平等对院方判断腹腔积液量方面亦会产生一定不良影响。

3. 患者在转院行手术治疗后，其病情未得到明显改善，逐渐加重，于入院 8 天后因病重自动出院后死亡。从一般医学治疗和理论实践分析，腹腔感染经手术治疗充分清除坏死组织后，可有改善的概率。但由于本例未经尸体解剖检验，本次鉴定无法对后续医院对患者实施腹腔手术的效果、患者腹腔积脓和炎症是否波及邻近组织器官，以及受累范围和程度等方面做出病理学评价，也影响了对被告医院医疗过失及因果关系的评价。

（二）因果关系及参与度

被告医院在对患者出现腹腔感染的观察、检查及治疗方面存在医疗过错。但患者既往存在胆囊切除病史，术后的腹腔组织粘连也给手术操作和术后引流增加了一定的难度，加之患者在被告医院的术后治疗时间较短，术后第 5 天（2 月 27 日）转入其他医院接受二次手术，并且患者死后未经尸体解剖检验，对二次手术的效果和第一次术后感染情况的判断亦产生一定不良影响。因此，分析认为被告医院存在的医疗过错与患者死亡之间存在一定的因果关系，建议参与度系数值为 50%。

肝胆外伤手术治疗术后常会发生感染、瘘等并发症，特别是既往已行腹腔手术，腹腔基础状态较差的患者其发生不良并发症的概率相应增加。因此，围手术期的观察和处理尤为重要，积极分析和查找患者出现病情变化的原因，以利早期发现早期处理，并积极与患方沟通，更有利于减少医患纠纷的发生。

（程子惠）

No. 7
肝硬化患者脾脏切除术后死亡一例

▋▋ 案情介绍

患者，男，58岁。2012年12月19日因"发现肝脏占位7月余，纳差乏力1周"入××医院诊治，以"肝细胞癌、慢性丙型病毒性肝炎（迁延性）、肝炎后肝硬变、2型糖尿病"收入院。2012年12月20日行肝动脉介入栓塞术。2012年12月29日全麻下行腹腔镜脾脏切除术。患者最初术后8小时内腹腔引流量不多，生命体征相对平稳。之后逐渐开始腹腔引流量增多，颜色加深，血压进行性下降，血色素进行性下降，诊断术后腹腔内出血并失血性休克。2012年12月30日行剖腹探查、止血术，术中反复确认出血原因为胰尾、脾肾韧带等手术创面广泛渗血，无明确血管性出血。术后患者转入SICU，予以补液、补血等抢救、对症治疗。2012年12月31日转入其他医院，并于当日死亡。死亡诊断：脾切除术后、失血性休克、呼吸、循环衰竭、代谢性酸中毒、DIC、丙型肝炎、肝硬化、肝癌、糖尿病。

▋▋ 争议焦点

2013年2月，患者家属将××医院诉至人民法院，认为被告医院诊疗过程中存在医疗过错，导致患者死亡，主要有：（1）医方极力向患者推介脾脏切除手术（微创），表示手术有100%的成功率和几乎零风险；（2）手术方式选择不当，开放手术为优选；（3）患者术前十天刚在被告医院行肝脏介入栓塞术，体质尚未恢复，医方术前未能针对性地提升患者血小板数值，改善凝血功能；（4）医方术后的观察处理不及时。

被告××医院则辩称：（1）术前诊断正确，手术适应证把握正确，术前准备充分，手术时机合理，告知充分；（2）手术方式正确，手术过程顺利，术后出现腹腔出血判断正确，及时处理；（3）患者出现腹腔内出血主要系其自身肝硬化失代偿期自身凝血功能低下所致，与医院诊疗行为无关。

总结医患双方各自观点，争议焦点主要有三：（1）术前告知是否充分；（2）手术适应证的把握是否正确；（3）围手术期的处理，包括术前准备、术后观察和处理是否符合规范。

鉴定结论

诉讼中，经医患双方申请，××人民法院就本案依法对外委托司法鉴定。鉴定结论为：××医院在对患者的诊疗过程中存在医疗过错，对患者生存期限具有不利影响，建议参与度系数值为50%。

分析评论

肝硬化是一种常见的由不同病因（如肝炎病毒、酒精等）引起的肝脏慢性、进行性、弥漫性的病变，病变逐渐发展，晚期出现肝功能衰竭、门静脉高压和多种并发症。其中手术切除脾脏是治疗脾功能亢进的有效方法，可降低门静脉高压，但应严格掌握手术适应证，做好术前充分准备，尽量减少不良并发症的发生。

（一）医方的医疗行为是否存在过错

1. 根据患者的主诉、病史、入院查体以及相关检查结果，医院肝细胞癌、慢性丙型病毒性肝炎（迁延性）、肝炎后肝硬变、2 型糖尿病等临床诊断成立。入院后医院予以完善相关检查，以及抗肿瘤、保肝、肝脏介入栓塞术等对症处理符合诊疗常规。

2. CT 结果显示患者肝细胞癌病情未见明显远处转移的情形，其病情主要表现为肝硬化、门静脉高压所致的脾功能亢进（入院后血常规检查示血小板 34×10^9/L）。患者脾功能亢进，血小板极低，有出血风险性，具有行脾切除治疗的适应证，可行开腹或腹腔镜下脾切除术，亦可予以积极治疗原发病、输注血小板等保守治疗，但各种治疗方案均各有利弊。依据《中华人民共和国侵权责任法》的相关要求，需要实施手术、特殊检查、特殊治疗的，医务人员应当及时向患者说明医疗风险、替代医疗方案等情况，并取得其书面同意。医务人员未尽到相应义务、造成患者损害的，医疗机构应当承担赔偿责任。审查送检病历资料，2012 年 12 月 29 日患者转入普外科后，医院于转入当日与患方签署"腹腔镜手术同意书"，告知术中或术后可能出现的并发症及手术风险，但缺乏对患者治疗方案、替代方案告知的相关内容，不符合上述告知方面的要求，存在不足。

3. 患者入院后 2012 年 12 月 19 日行凝血功能检查，各项指标尚在正常范围，于 2012 年 12 月 20 日行肝动脉介入栓塞术治疗。12 月 29 日转入普外科准备行脾脏切除术，术前讨论已提示患者肝功能差，血小板计数明显偏低，自身凝血能力差，手术及术后恢复风险较大。但在本次术前，未再行凝血功能复查，对术前评估凝血功能，纠正可能存在的凝血障碍，以减少术后并发症的发生具有不良影响。

4. 腹腔内大出血是脾切除术后常见的并发症之一，一般发生在术后 24～48 小时之内。本例患者肝硬化、门脉高压，脾功能亢进，术前查血小板极低，术前未行凝血功能复查，具有术后发生腹腔内大出血并发症的高危因素。因此，术后围手术期应严密观察，以利对该并发症的早期发现和及时处理。

2012 年 12 月 30 日重症患者护理记录单显示，2012 年 12 月 30 日 1：30 患者术毕返还 SICU，此时生命体征基本平稳；3：00 开始出现心率加快，血压下降的情况；4：00 患者血压明显下降（84/52mmHg）；5：00 腹腔引流 800mL。此后患者血压一直处于较低水平，中心静脉压下降，心率、呼吸频率明显增快，开始出现失血性休克的表现。但直至 7：40，医院方开始予去白红细胞、冰冻血浆等输入。此外，医院病程记录 12 月 30 日 13：20 记载，患者最初术后 8 小时内腹腔引流液颜色呈淡红色，量不多，生命体征相对平稳，该记载情况与上述重症患者护理记录单显示情况具有一定差异。因此，医院在患者脾切除术后早期（3：00～7：40 期间）出现血压、中心静脉压下降，心率、呼吸加快等失血性休克表现时的观察和相应处理措施存在不足，对患者腹腔内大出血、失血性休克病情的发展以及临床进一步抢救具有不利影响。

综上所述，××医院在对患者的诊疗过程中，其入院诊断明确，患者病情具有行脾切除治疗的适应证。但医院在对患者治疗方案、替代方案的相关告知方面存在不足；在行脾切除术前对凝血功能的检查，以及术后围手术期早期患者出现失血性休克表现时的观察和处理方面存在不足。上述表明医院的诊疗行为存在过错。

（二）因果关系及参与度

原发性肝癌属恶性肿瘤，具有较高的死亡率。本例患者肝癌已确诊有 7 月余，医方在诊疗过程中存在的过错行为对患者的损害后果主要表现为对患者生存期限的不利影响。此外，患者自身肝硬化、门静脉高压、脾功能亢进致血小板极低，凝血功能障碍，给临床抢救和治疗带来较大难度。患者死亡后未经尸体解剖检验，无法从法医病理学角度对患者死亡原因，以及患者自身肝脏病情等情况予以明确，对本次鉴定全面评价医院医疗行为具有一定不利影响。因此，综合评价医方过错行为对患者生存期限的影响程度为同等作用程度，建议理论系数值为 50%。

肝硬化、门静脉高压所致脾功能亢进患者，临床可采取手术切除脾脏治疗，但由于此类患者常伴有凝血功能异常，可能出现术后腹腔内出血的并发症。建议临床医生术前应充分告知手术治疗风险性，以及各种替代方案的利弊，以减少医患纠纷的发生。此外，加强围手术期观察，以利发现问题及时处理。

（程子惠）

No. 8

胆总管结石漏诊致胆道二次手术并代谢性脑病一例

案情介绍

患者，男，26 岁。2009 年 11 月 14 日因上腹部疼痛在××市第一人民医院（下称"甲医院"）就诊，之后 15 日、17 日、19 日、20 日、23 日多次因右上腹疼痛复诊。20 日腹部超声检查诊断：胆囊炎，胆汁瘀积。一直抗感染对症治疗。11 月 26 日 21：30 时因"右上腹疼痛 12 天，加重 2 小时"入住该院。入院检查：体温 36.8℃，体重 62 公斤，神志清，自动体位，急性面容，步入病房，心肺未见异常。专科情况：腹平坦，右上肋缘下压痛，反跳痛，无明显肌紧张，无局限性包块，肝脾不肿大，墨菲氏征（+）。血常规白细胞 $7.7 \times 109/L$，中性粒细胞 47.2%。入院诊断急性胆囊炎、胆结石。

当日 22：40 时，急诊行腹腔镜下胆囊切除术，手术顺利。术后予抗感染，补液（葡萄糖、氨基酸、氯化钾、维生素 C、维生素 B_6 等）对症治疗。28 日患者发热，上腹部疼痛，有压痛，无反跳痛。29 日，患者仍诉上腹部疼痛，偶有恶心呕吐，稍有腹胀。查血淀粉酶 178U/L，谷丙转氨酶 220U/L，谷草转氨酶 71U/L，考虑急性胰腺炎，继续予禁食，抗炎，抑制胃酸分泌，保肝、补液对症治疗。12 月 3 日，查总胆红素 84μmol/L。12 月 5 日，患者皮肤巩膜稍黄染，上腹部 CT 检查印象：胆总管结石，胆总管梗阻。术后病理报告慢性胆囊炎。患者 12 月 7 日转解放军第××医院（下称"乙医院"）治疗。

2009 年 12 月 7 日，入住乙医院。入院查体：患者精神萎靡，平车推入病房，体重 51 公斤，皮肤黏膜中度黄染，右上腹压痛，未触及包块。入院超声检查：胆总管下段结石。血总胆红素 134.4μmol/L，直接胆红素 85.6 μmol/L，碱性磷酸酶 318U/L。入院诊断：胆囊切除术后，胆总管下段结石，阻塞性黄疸。

12 月 8 日，在硬膜外麻醉下行胆总管切开取石术。手术记录记载：术中"切开胆总管，胆道镜探查，肝内胆管未见结石，胆总管下段可见结石直径约 1.0cm，不活动，取石篮及取石钳取石均未成功，以七号胆道探子将结石推入十二指肠，胆道镜检查胆道黏膜无损伤，放置 T 管引流及腹腔引流"。手术过程顺利，术后继续禁食水、抗感染、抑酸、补液（葡萄糖、平衡盐、氯化钾、维生素 C、维生素 B_6 等）等对症治疗。12 日，患者肛门已排气，切口无明显疼痛，巩膜轻度黄染，T 管引流通畅。查总胆红素 87.5μmol/L，总蛋白 57.4g/L，电解质正常，15 日，予进少量流食。17 日，患者体温正常，复查：总胆红素 59.3μmol/L，谷丙转氨酶 350U/L，谷草转氨酶 172U/L，电解质正常，拔出腹腔引流管，留置 T 管，继续抗感染、补液对症治疗。19 日，患者进食后呕吐。停用氧氟沙星及甲硝唑等。予保肝，降转氨酶，止吐，促进胃肠蠕动等治疗。后患者一直呕吐胃内容物，至 24 日予禁食。25 日，起加用复方氨基酸 250mL 静滴，26 日腹部透视检查提示胃储留，予胃肠减压，继续禁食水补液等治疗，当日起加用中/长链脂肪乳 250mL 静滴。29 日，上消化道造影后考虑患者为腹部手术后胃瘫综合征，继续予禁食水、补液、胃肠减压、促进胃动力药物治疗。28～30 日起患者胃管引流液引流液清亮，400～800mL/日。患者术后 T 管引流每日 200～300 mL。

2010 年 1 月 2 日，患者仍不能进食，慢性病容，消瘦，复查：总蛋白 73.50g/L，谷丙转氨酶 60U/L，谷草转氨酶 72U/L，血钾 3.47mmol/L，继续禁食补液，胃肠减压，促进胃肠蠕动及静滴葡萄糖、生理盐水、氯化钾，维生素 C，维生素 B_6，氨基酸、脂肪乳等治疗，当日记录胃肠引流 1330mL。1 月 3 日，记录胃肠引流 1325mL，1 月 4 日，患者无恶心呕吐腹胀等，引流管脱落未再插入，嘱可进少量流食。1 月 5 日凌晨 2：30 时，患者突然出现幻觉，胡言乱语，对答不切题症状。患者发热体温高达 38.4℃。停用奥美拉唑等可能引起神经症状的药物。1 月 6 日，患者体温最高达 38.5℃，神志不清，谵妄状态。精神症状加重，胡言乱语，呼之不应。查体：血压 120/70mmHg，心率 130 次/分，双瞳孔等大同圆，对光反应好，四肢不自主运动，病理反射未引出。静滴精氨酸后症状无明显好转，头颅 CT（－），脑电图示：异常脑电/地形图。神经内科会诊不排除中枢神经系统感染。7 日患者呃逆明显，呼之不应，心率 140 次/分，双肺听诊广泛痰鸣音，腰穿检查。脑脊液常规及生化未见明显异常。血淀粉酶 417U/L，电解质正常。外院神经科专家建议放置十二指肠管试行肠内营养等。予气管插管呼吸及辅助呼吸，抗感染，继续禁食，补液，血液滤过等治疗。1 月 8 日患者血淀粉酶 180U/L，总胆红素 74.9U/L，总蛋白 56g/L，白蛋白 33g/L，前白蛋白 103.6mg/L；血红蛋白 103g/L，淋巴细胞 $1.37×109/L$。患者神志好转，肝功能指标改善，病情好转，予输血浆等支持治疗。1 月 8 日下午，患者家属要求转外院治疗。

2010 年 1 月 8 日，转入××市中心医院（下称"丙医院"),当日化验检查总蛋白 56g/L,白蛋白 33g/L,前白蛋白 103.6mg/L;血红蛋白 103g/L。1 月 9 日复查总蛋白 40.3g/L,白蛋白 29.9g/L,血红蛋白 78.8g/L,淋巴细胞 1.02×109/L,血总胆固醇 2.25mmol/L,低钾、低磷、低钙等。

后在外院诊断:共济失调综合征,代谢性脑病后遗可能性大。

争议焦点

患方认为:(1)患者平素身体健康,由于甲医院的漏诊、误诊、误治,对于"胆囊切除"的手术诊断失误;(2)乙医院在术后的支持治疗力度不够,延误治疗,导致患者现状很差,患者预后不良。

甲医院和乙医院均认为:对患者的诊疗过程符合临床诊疗常规及要求,对患者的损害后果不应承担责任。

鉴定结论

经医患双方申请,××医学会对本例进行了医疗事故技术鉴定,结论为:本例属于二级乙等医疗事故,医方承担完全责任(其中:甲医院承担主要责任,乙医院承担次要责任,丙医院无责任)。

分析评论

(一)甲医院医疗行为存在的过错

1. 急诊行胆囊切除术指征不明确。患者入院前有右上腹疼痛 10 余天,20 日超声检查提示:胆囊炎,胆汁瘀积。一直进行抗感染治疗。来诊时表现为右上腹部疼痛,无肌紧张和局限性包块,血象及中性粒细胞分类均不高,体温正常，无急诊手术指征。而医方在患者入院后 1 小时 10 分钟即对患者行胆囊切除术过于草率。

2. 术前未进行必要的讨论和相关的鉴别诊断。甲医院未能结合患者的病史、体格检查和实验室检查详细分析患者腹痛的原因，也未对患者再次行腹部超声检查了解胆道情况，未能按照相关制度对手术病人的围手术期相关问题进行必要的讨论。

3. 术中探查不仔细。甲医院手术中未能按照有关诊疗规范进行手术范围内相邻组织器官的探查，以致未能明确胆总管结石的诊断，导致胆总管结石漏诊。由于术前诊断错误导致患者胆总管结石未能得到及时治疗。

4. 术后未能及时明确胆总管结石诊断。胆囊切除术后，患者右上腹部疼痛并未改善，很快出现肝功能异常、胆红素增高，伴黄疸。甲医院未及时复查腹部超声以尽早明确诊断，一周后才 CT 检查明确胆总管结石的诊断。此时患者已出现明显梗阻性黄疸，肝功能异常等，需再次手术治疗解除胆总管梗阻。由于患者术后较长时间梗阻性黄疸、肝功能异常等对消化吸收功能也产生严重影响。

5. 对术后禁食患者营养支持不足。患者术后腹痛不缓解，出现恶心呕吐，禁食水已超过一周。甲医院一直仅予葡萄糖、生理盐水、氨基酸等静脉输液治疗，未给予肠外营养支持，术后第二日至出院每日医嘱入量仅 2000 ~ 2500mL，也未记录每日液体出入量。对于 25 岁青年男性，既往身体健康，无其他心肺等慢性疾病的患者，液体入量不足，静脉营养支持不足。患者从入住甲医院时的 62 公斤至 12 月 7 日转入乙医院时体重已降至 51 公斤，在该院住院 10 天体重骤降达 11 公斤，根据患者身高 170cm，提示患者转院时体重已降低了 15% 以上。说明医方对该禁食患者术后肠外营养明显不足。

甲医院的医疗行为违反了如下医院规章制度及普外科诊疗规范：手术病人应进行术前讨论；腹痛病人应进行相关鉴别诊断；禁食病人应进行肠外营养等，存在过错，造成患者胆总管结石的漏诊、误诊和误治，使患者不得不经受第二次手术，与患者术后及最终因严重营养不良导致的脑损害不良后果存在因果关系。

（二）乙医院医疗行为存在的过错

1. 对胆道术后长期禁食的患者，肠外营养支持不足，造成患者严重营养不良。

患者入院前在外院禁食水已 10 天，术后曾短时间进流食，但很快出现呕吐等症状继续予禁食水等治疗。依据病历记录，从 12 月 7 日入院到 12 月 25 日，静脉补液中仅予葡萄糖、生理盐水、氯化钾、维生素 C、维生素 B_6 等，在患者禁食期间每日液体入量也不充分，更未给予氨基酸、脂肪乳、微量元素、复合维生素等肠外营养支持治疗及足够的能量。患者从 12 月 26 日起予胃肠减压，同时又长期 T 管引流以及发热导致每日大量体液流失，而在此期间医方虽逐步增加肠外营养以及液体输入，但从患者入院到病情变化的近一个月时间里，医方并未根据患者的能量需求，对各种营养素的补充进行必要的计算，并给予全面营养输入，对蛋白质、脂肪、电解质、各种维生素及微量元素的量等未给予科学合理的补充，尤其是各种维生素（除维生素 C、B_6 外）、微量元素一直未予补充，导致患者发生严重营养不良、代谢性脑病。

根据中华医学会编著的《临床技术操作规范》肠内肠外营养学分册以及全国高等医学院校教材第七版《外科学》，关于外科病人的营养代谢："不能进食超过 7 天以上应给予肠内、肠外营养支持。肠外营养包括葡萄糖、脂肪乳、氨基酸、电解质、复合维生素、微量元素等。由于机体无水溶性维生素储备，因此肠外营养中均应补充复方水溶性维生素。短期禁食不会产生脂溶性维生素或微量元素缺乏，禁食时间超过 2～3 周患者应予以补充。"因此，乙医院在肠外营养支持方面存在过失。

2. 对肠外营养状态的评定，"包括体重变化，淋巴细胞计数（低于 1.5×10^9/L 提示营养不良），内脏蛋白测定（白蛋白、前白蛋白、转铁蛋白），氮平衡等"。患者入住乙医院时的体重 51 公斤，但出院前无体重记录。患者入院后多次检查血常规淋巴计数均较低，是营养不良的重要参考指标。患者入住乙医院第二日，化验检查血总蛋白 66.8g/L，白蛋白 41.6g/L，前白蛋白 219.9mg/L；血红蛋白 145g/L。而 1 月 8 日出院当日，化验检查总蛋白 56g/L，白蛋白 33g/L，前白蛋白 103.6mg/L；血红蛋白 103g/L。1 月 9 日，丙医院查总蛋白 40.3g/L，白蛋白 29.9g/L，血红蛋白 78.8g/L，前白蛋白 135mg/L，血总胆固醇低，低钾、低磷、低钙等，以上数据证明患者已表现为严重营养不良。

3. 患者术后长期禁食水，依靠静脉补液维持生命需求，但住院期间至出院前两天一直无患者每日出入量的护理记录。

4. 对胆道术后"胃轻瘫"、肠外营养不足患者，未考虑予肠内营养支持，对患者的营养不良缺乏有效干预措施。根据中华医学会编著的《临床技术操作规范》肠内、肠外营养学分册关于肠内营养支持："如果胃肠功能存在但不能进食，需考虑经各种途径给予肠内营养支持，可以纠正和预防手术前后营养不良。"

乙医院对胆道术后长期禁食的患者，未能充分进行肠内、肠外营养支持的过失行为违反了外科术后病人的诊疗护理规范，存在过错，与患者严重营养不良，最终发生代谢性脑病有一定因果关系。

（三）患者损害后果判断

1. 发病前两次腹部手术史，术后有长时间（一个月余）不能进食、一直肠外营养，营养支持不足，伴消瘦，低蛋白血症、贫血等严重营养不良表现。

2. 突然发病，发病时有幻觉，胡言乱语，答不切题，谵妄，呼之不应等神经精神症状。

3. 体检有小脑等中枢神经系统损害的体征。如眼震（＋），双眼外展露白，共济失调，躯干四肢动作不协调，行走不稳，需扶行，阔基步态，昂伯氏征（＋）等。双下肢肌张力增高，双侧踝反射减弱。

4. 脑电图检查异常脑电/地形图，头颅 MRI：小脑、脑干萎缩等。

根据患者上述的临床特点，考虑为长期禁食、严重营养不良及多种维生素等营养素缺乏所致代谢性脑病。

（四）因果关系分析

患者代谢性脑病的发生完全是甲乙医院过错行为所导致的。甲医院术前遗漏胆总管结石需再次手术，并在术后未规范进行肠外营养；乙医院再次手术后出现"胃轻瘫"，长期禁食，但未规范进行肠内外营养，导致严重营养不良及多种维生素等营养素缺乏。因此上述两医院的医疗过错行为对患者的目前损害后果应承担全部责任。

（蒋士浩）

No. 9

肝癌围手术期处置不当致手术后死亡一例

案情介绍

患者，女，55 岁。2012 年 10 月 31 日因"乏力、纳减伴上腹部不适一月余"至某县级市人民医院就诊。查体 T36.5℃、BP150/70mmHg。血常规检查：WBC 3.0×109/L、RBC3.37×1012/L、Hb119g/L、PLT49×109/L；肝功能：TBIL 40μmol/L、DBIL 17.1μmol/L、ALT 501U/L、AFP 209ng/ml；CT 提示肝左外叶原发性肝癌可能大，后腹膜腔小淋巴结，脾肿大，肝硬化。诊断为"肝左叶原发性肝癌、肝硬化、脾肿大、脾功能亢进、高血压"收住入院，给予退黄、保肝等治疗。

11 月 1 日，查 PT 15.2 秒、APTT 40.2 秒、FIBC 1.3g/L。11 月 4 日，复查肝功能：TBIL 27.2μmol/L、DBIL 12.2μmol/L、ALT 311U/L；血常规：PLT44×109/L、WBC 1.7×109/L，考虑脾功能亢进所致白细胞偏低。11 月 5 日 MRI 提示：肝左外叶 HCC；肝硬化、脾肿大。查丙肝抗体阳性，考虑丙肝后肝硬化，继续护肝处理。11 月 7 日，再次复查肝功能：TBIL 23.7μmol/L、DBIL 11.5μmol/L、ALT 231U/L；11 月 8 日下午 5 时，请某大学附属医院普外科主任医师会诊，在全麻下行"肝左外叶切除＋脾切除术"。术中见肝脏呈结节样硬化，肝左外叶见一约 3cm×3cm 肿瘤，脾脏肿大约 15cm×10cm，胃周静脉轻度曲张。术后给予抗感染、止血、护肝及补液治疗。11 月 10 日术后病理诊断：（肝左叶）肝细胞癌，侵及包膜，脉管内癌栓形成。

术后，患者腹腔引流管持续有血性液体引出，以脾窝处明显，24 小时大于 2000mL，予输血、扩容处理，血压尚平隐，但心律偏快，考虑有腹腔持续出血。10 日 10 时，再次请某大学附属医院普外科主任医师会诊行"剖腹探查术"。术中见脾窝有积血及血凝块约 800mL，后腹膜创面渗血，肝脏残端未见明显出血，予以缝合后腹膜创面渗血处，观察一小时，无明显出血，覆盖止血纱布，术中输注冷沉淀 10U、RBC3U、血浆 600mL。术后诊断：肝左叶原发性肝癌术后、脾切除术后、腹腔出血；肝硬化；高血压。

术后初期，患者腹腔引流管引流量较少，色渐淡，血压平稳。11 日查房时发现肝昏迷表现，同时引流量明显增多，经护肝、抑酸、止血、抗肝昏迷、输血等处理，患者病情未见好转，建议转上级医院行人工肝等治疗。11 月 12 日，患者自动出院，不久后死亡。

▌▌争议焦点

患方认为：（1）医生明知医院无手术资质，为何收住院并手术？（2）专家会诊不规范，术前沟通不到位；（3）术前准备不充分；（4）二次手术草率；（5）术后管理不到位；（6）面对病情变化没有应对措施。

医方辩称：对患者的诊疗过程符合临床诊疗常规及要求，患者死亡是疾病的自然转归，医方对患者的损害后果不应承担责任。

▌▌鉴定结论

经医患双方申请，××医学会对本例进行了医疗事故技术鉴定，结论为：本例属于一级甲等医疗事故，医方承担主要责任。

分析评论

（一）患者原发性肝癌、肝硬化、脾功能亢进、丙型肝炎临床诊断明确

诊断依据：（1）患者无明显诱因出现乏力、纳减，纳后上腹部不适1月余，体检有巩膜黄染，脾大。（2）化验检查有肝功能异常（总胆红素增高，转氨酶、凝血指标异常，白蛋白低），血常规白细胞、血小板低，丙肝抗体阳性。（3）CT及MRI提示肝左叶原发性肝癌可能性大，肝硬化，脾大。（4）肝癌肿瘤标志物甲胎蛋白（AFP）明显升高（209ng/mL）。（5）术中探查见：肝脏呈结节样硬化，肝左外叶及一约3cm×3cm肿瘤，脾脏肿大约15cm×10cm，胃周静脉轻度曲张，胆胰胃肠未及明显异常，无明显腹水。（6）术后病理报告：肿块3cm×3cm×2.5cm，（肝左叶）肝细胞癌，侵及包膜，脉管内癌栓形成。

（二）临床考虑患者的死亡原因为原发性肝癌、肝硬化术后并发出血、肝昏迷、肝功能衰竭死亡

患者入院后经保肝对症治疗，于入院第9天在全麻下行"肝左外叶切除术＋脾切除术"。术后患者腹腔持续引流出暗红色液体，予输血、止血等治疗，血色素进行性下降，考虑腹腔出血。术后第3天行剖腹探查术，术中见脾窝有积血及血凝块800mL，后腹膜创面渗血，行缝合创面，止血、输血等治疗，患者术后出现意识障碍，腹腔血性引流量增多，经对症治疗病情无改善，肝功能持续恶化、凝血指标明显异常，出现肝昏迷等肝功能衰竭的表现，病情危重。2012年11月12日家属放弃治疗，出院后2小时死亡。

（三）该院无开展该手术的资质，属于超范围手术

患者原发疾病诊断明确，医方拟行"肝左外叶切除术＋脾切除术"治疗。该手术为风险高、过程复杂、难度大的手术，根据《××省手术分级管理规范（2010年版）》（××省卫生厅×卫医〔2010〕80号），该手术属于四级手术。2012年10月1日施行的《医疗机构手术分级管理办法（试行）》（卫办医政发〔2012〕94号）中规定二级医院开展四级手术应：符合二级甲等医院的标准；有重症医学科和与拟开展四级手术相适应的诊疗科目、具备开展四级手术的人员、设备、设施等必要条件；经省级卫生行政部门批准。该院虽属二级甲等医院，但未满足上述全部条件，包括未提供省级卫生行政主管部门批准其准予开展四级手术的批文，故该院无资质开展四级手术，针对该患者实施的"肝左外叶切除术＋脾切除术"属于超范围手术。

（四）会诊不规范

患者为"原发性肝癌，肝硬化，脾功能亢进"，属于择期手术，术前医方拟定邀请外院专家会诊手术。根据2005年7月1日卫生部颁布实施的《医师外出会诊管理暂行规定》："会诊邀请超出本单位诊疗科目的或者本单位不具备相应资质的，医疗机构不得提出会诊要求。会诊医师接到会诊任务后，应当详细了解患者病情，亲自诊查患者，完成相应会诊工作，并按照规定书写医疗文书。会诊过程中应严格执行有关的医疗卫生管理法律法规、规章和诊疗规范、常规。"卫生部《医疗机构手术分级管理办法（试行）》第18条也规定"除急危重症患者需急诊手术抢救外，外聘医师、会诊医师不得开展超出实施手术医疗机构所能开展最高级别的手术"。医方在不具备手术资质的情况下，邀请外院医师手术，此行为不妥，会诊医师也未

能严格执行卫生部的相关规定。受邀会诊未能术前查看病人，未参与术前讨论、制订手术方案等，手术时间安排在下午 5 点，过于仓促。会诊医师会诊记录过于简单，术前也未能与家属充分沟通，未履行充分告知义务。

（五）术前准备不充分，对手术的风险估计不足

患者入院时肝功能异常，10 月 31 日检查胆红素 40μmol/L，白蛋白 37g/L，谷丙转氨酶 50U/L，血小板 49×109/L。11 月 1 日凝血酶原时间 15.2 秒，提示肝脏储备功能较差，术中术后可能并发出血、肝功能衰竭的风险较大。医方术前虽对症治疗，但患者肝功能改善不明显，术前肝功能仍较差，11 月 7 日胆红素 23.7μmol/L，白蛋白 32g/L，血小板 47×109/L，凝血酶原时间未复查。医方对此高风险的手术，术前未能积极改善肝功能，在患者存在胆红素异常、低白蛋白血症、凝血指标异常、血小板明显减低的情况下手术过于草率，术前也未积极备血和血小板等，对术中术后可能出现的并发症估计不足，准备不充分。

（六）对术后出现的并发症的处理欠规范

患者第一次术后即合并腹腔出血，考虑与术前肝功能异常、凝血功能障碍、血小板低等有关。医方对术后出血重视不够，处理欠规范。虽一直输血、血浆、冷沉淀等，但输入量不足，也始终未能补充血小板。虽经第二次手术，仍未能彻底止血。患者短期内经前后两次手术打击，以及术后大出血，导致肝昏迷、肝功能衰竭，离院后很快死亡。

（七）因果关系分析

由于医方违反《医疗机构手术分级管理办法（试行）》、《医师外出会诊管理暂行规定》、《××省手术分级管理规范（2010 年版）》等规定，超范围开展四级手术，且对此患者

术前准备不充分，对手术的风险估计不足，对并发症的处理欠规范，上述过失行为与患者死亡有因果关系。但患者为丙型肝炎、肝硬化、肝癌、脾功能亢进合并肝功能异常等，肝脏储备功能差，手术风险高，与患者死亡也有一定关系，故医方应承担医疗事故主要责任。

（蒋士浩）

No. 10
急性重型暴发型乙型肝炎误诊为颅内感染死亡一例

▌ 案情介绍

患者，男，22 岁。2012 年 3 月 20 日因"上吐下泻半天"至某市第三人民医院急诊，患者当夜腹泻 4 次，为黄色稀便，呕吐 6 次，为胃内容物，无发热，有腹痛，以上腹部为主。查体：T 36.5℃，HR 80 次/分，无明显压痛。血常规示：白细胞总数 10×109/L，中性粒细胞58.1%。粪便常规未见异常。诊断：急性胃肠炎。予抗炎治疗，并嘱其随诊。

3 月 21 日 5：35 因"意识不清"再次至某市第三人民医院急诊，查体：P 77 次/分，R 15 次/分，BP 116/59mmHg，神志不清，查体不合作，不对答，腹软，四肢肌力检查不合作。血常规示：白细胞总数 19.9×109/L，淋巴细胞13.2%，中性粒细胞81.5%，肾功能、电解质正常；脑 CT 示：脑实质密度略减低，纵裂池密度增高；脑电图示：不正常脑电图（重度弥漫性改变）；脑地形图提示：δ波以两半球各区功率谱增高。予对症治疗后收住入院，入院后查体：昏迷状态，时有烦躁不安，右利手，定时、定人物、定地点和计算检查不合作，两侧瞳孔等大等圆，直径 3mm，光反应灵敏，两肺呼吸音粗，可及干、湿性罗音，四肢肌张力正常，肌力和感觉障碍检查不合作，疼痛刺激后患者左下肢屈曲，余肢体无明显动作，四肢肌腱反射、腹壁反射消失。诊断：颅内感染；急性肠炎；肺部感染。予心电监护、吸氧及抗病毒、抗感染、降颅压、营养神经改善脑功能等治疗。并向家属告知病危。

11：46 行腰穿，见有无色透明脑脊液流出，接测压管测得脑脊液压力为 270mmHg，检查脑脊液常规正常，临床考虑病毒性脑炎；床边胸片示：右下肺感染。

23：57 患者出现呼吸困难、脉氧下降，考虑呼吸衰竭，予气管插管治疗。

3 月 22 日患者深度昏迷、高热（肛温 41℃），予物理降温，冰毯机应用。查体：双瞳孔等大等圆，直径 3.5mm，对光反应迟钝，颈部有抵抗，两肺呼吸音粗大，可及干、湿性罗音，四肢肌张力低，肌力和感觉障碍检查不合作，疼痛刺激后未见四肢自主动作，四肢肌腱反射、腹壁反射消失。血生化常规示：白球比 1.06，腺苷脱氨酶 31U/L，白蛋白 31.8g/L，碱性磷酸酶 264U/L，谷丙转氨酶 362U/L，氨测定 128.3μmol/L，谷草转氨酶 1127U/L，谷草同工酶 297U/L，胆碱脂酶 3722U/L，肌酸激酶 562U/L，凝血酶原时间 27.6 秒，乙肝表面抗原 414.3，乙肝 e 抗体 0.45，乙肝核心抗体 5.72，乙型肝炎病毒大蛋白阳性，CK 同工酶 52U/L，肌酐 181.5μmol/L，直接胆红素 141.9μmol/L，间接胆红素 62.9μmol/L，总胆红素 204.8μmol/L，尿酸 480.5μmol/L，葡萄糖 2.30mmol/L，请消化科、心内科、呼吸科、血液科、ICU 会诊后，考虑多脏器功能衰竭，转入 ICU 进一步治疗。

转入 ICU 后予呼吸机辅助呼吸，低温疗法，并继予抗病毒、抗感染、脑保护、脱水降颅压、营养神经改善脑功能等治疗。

3 月 23 日 8：00 体温 40℃，心率 139 次/分，律齐，血

压 67/24mmHg；实验室检查示：总胆红素 177.8μmol/L，直接胆红素 124.2μmol/L，间接胆红素 53.6μmol/L，总蛋白 48.6g/L，白蛋白 24.2g/L，谷丙转氨酶 1389U/L，谷草转氨酶 914U/L，谷草同工酶 253U/L，凝血酶原 71.8 秒。16：25 患者双侧瞳孔散大，心率突然下降至 51 次/分，心电图示宽大畸形 QRS 波，大动脉波动未及，血压 51/17mmHg，血氧饱和度测不出，即予肾上腺素、持续胸外心脏按压、呼吸机维持呼吸等抢救治疗。

16：55 患者仍未恢复自主心率，心音未及，动脉波动未及，双瞳散大固定，深浅反射消失，心电图示一直线，宣告抢救无效死亡。

■ 争议焦点

患方认为：（1）患者住院时的生化检查结果是急性重症肝炎的临床表现，而医方将急性重症肝炎中明显的消化道症状及迅速出现神志变异、肝性脑病症状视为急性肠炎与颅内感染治疗；（2）医方存在明显的误诊误治，患者的死亡与医方错误的诊断和治疗存在因果关系。

医方辩称：对患者的诊疗过程符合临床诊疗常规及要求，对患者的死亡不应承担责任。

■ 鉴定结论

诉讼中，经医患双方申请，受案人民法院依法将本案对外委托鉴定。××鉴定机构司法鉴定结论为：医方在诊疗行为中存在的过错与患者死亡之间有一定因果关系，医方承担同等责任。

■ 分析评论

（一）医方在诊疗过程中存在的过错

1. 医方诊断"急性胃肠炎"依据不足。患者于 2012 年 3 月 20 日因"上吐下泻半天"至某市第三人民医院急诊，患者当夜腹泻 4 次，为黄色稀便，呕吐 6 次，为胃内容物，无发热，有腹痛，以上腹部为主。根据查体：T 36.5℃，HR 80 次/分，无明显压痛；血常规示：白细胞总数 $10 \times 109/L$，中性粒细胞 58.1% 及粪便常规未见异常。根据人民卫生出版社第七版《传染病学》关于胃肠炎的诊断依据为流行病学特点、临床表现及实验室检查，医方诊断"急性胃肠炎"依据不足。

2. 医方颅内感染诊断依据不足。患者在住院期间脑脊液的病毒学、细菌学、霉菌学、抗酸杆菌检查、血液的螺旋体抗体、免疫缺陷病毒抗体、痰、尿细菌学检查均无阳性结果；脑电图示：不正常脑电图（重度弥漫性改变）；脑地形图提示：δ 波以两半球各区功率谱增高；脑 CT 示：脑实质密度略减低，纵裂池密度增高。脑电地形图反映脑的电生理活动，脑 CT 反映脑的形态、组织变化，均难为感染提供确切的依据，故医方当时诊断患者为颅内感染证据不足。

3. 医疗文件书写不规范。急诊病历中遗漏重要的病史记载（今晨 7：00 左右患者家属发现患者跌倒在地）。患者住院期间医生共检查肝功能 5 次，现提供的医疗文件中仅见两张报告，患者住院期间共检查血气分析 7 次，现提供的医疗文件中仅见 3 张报告等未能说明原因。

4. 医方诊疗护理活动不规范，患者的病情得不到有效治疗和控制。病程记录中多次记录要"脱水降颅压"，但是患者每日的补液入量、每日的排出量在病程记录、神经科护理记录单和 ICU 护理记录单中均无明确的记载。抢救记录中有予"冰毯机、电子冰帽亚低温疗法"，但体温单记录的体温均高于亚低温所要求的温度，没有起到保护脑组织的作用等。

5. 医方没有尽到告知义务。患者死亡后，医患双方均没有提出尸检要求，医方没有向患方说明尸检的重要性和必要性，没有尽到说明和告知义务，因未进行尸检，故患者的确切死因不能明确。

（二）患者临床诊断

根据鉴定资料，患者有典型的消化道症状，表现为恶心、呕吐、腹泻，2012年3月20日发病就诊，第2天出现意识障碍，第3天深度昏迷，高热。3月22日肝功能检查示：总胆红素 204.8μmol/L，直接胆红素 141.9μmol/L，间接胆红素 62.9μmol/L，白蛋白 31.8g/L，白球比 1.06，谷丙转氨酶 362U/L，谷草转氨酶 1127U/L，谷草同工酶 297U/L，腺苷脱氨酶 31U/L，碱性磷酸酶 264U/L，氨测定 128.3μmol/L，胆碱脂酶 3722U/L，肌酸激酶 562U/L，凝血酶原时间 27.6 秒，CK 同工酶 52U/L，葡萄糖 2.30mmol/L 等均提示患者严重肝功能损害；乙型肝炎病原学检测指标示：乙肝表面抗原 414.3，乙肝 e 抗体 0.45，乙肝核心抗体 5.72，乙型肝炎病毒大蛋白阳性均提示患者乙型肝炎病毒感染；肾功能检查示：肌酐 181.5μmol/L，尿酸 480.5μmol/L 提示患者肾功能损害。根据患者上述特点、病情发展迅速和3月23日肝功能检测结果更趋恶化：总胆红素 177.8μmol/L，直接胆红素 124.2μmol/L，间接胆红素 53.6μmol/L，总蛋白 48.6g/L，白蛋白 24.2g/L，谷丙转氨酶 1389U/L，谷草转氨酶 914U/L，谷草同工酶 253U/L，凝血酶原71.8秒，临床符合急性重型暴发型乙型肝炎的诊断，患者病程中出现的脑部损害、肾功能损害符合该病并发的肝性脑病、肝肾综合症的临床特点。

（三）因果关系分析

该患者发病初期急性重型乙型肝炎暴发型临床症状及体征不典型，医方在患者就诊和入院初期依据当时的病情特点，疑似颅内感染可行，但在患者出现反复肝功能严重异常及乙肝病原学指标阳性的情况下，未考虑到该患者系急性重型乙型肝炎暴发型的可能，未进行鉴别诊断，仍考虑患者为颅内感染，存在误诊，以致医方采取的治疗措施针对性和力度不够，保肝治疗措施不力。

根据人民卫生出版社第7版《传染病学》示：急性重型乙型肝炎暴发型起病急，病死率高，病程不超过三周。目前在临床上尚无特殊治疗方法，主要是对症处理和积极保肝、支持治疗，患者就医过程中，医方已予保肝、抗肝昏迷、抗感染、保护肾功能等治疗，由于病情凶险，患者最终死亡是疾病本身发展的自然转归和医方在诊疗行为中存在的过错共同作用的结果，故医方在诊疗行为中存在的过错与患者死亡之间存在一定的因果关系，负同等责任。

（蒋士浩）

No. 11
门脉高压手术适应证选择不当一例

案情介绍

患者，男，56岁。患有"酒精性肝硬化"5年余，于2008年11月主因"气短乏力5天"入住××医学院附属医院。发病以来无发热，无腹胀腹痛，饮食及睡眠可，体重无明显减轻，大小便正常。体格检查：T 36.7℃，P 80次/分，R 18次/分，BP 160/70mmHg。双侧巩膜黄染。周身皮肤略黄染，未见出血点及瘀斑，未见肝掌及蜘蛛痣。专科检查：腹部无膨隆，无压痛、反跳痛，未触及包块，移动性浊音（＋），肠鸣音为4次/分。初步诊断：肝硬化，脾功能亢进。经积极保肝对症治疗后，凝血指标仍然多项异常，血红蛋白 74g/L，血小板 70×109/L，总胆红素 151.7μmol/L，直接胆 41.9μmol/L，白蛋白 32.6g/L，网织红计数 0.04。腹彩超示：肝硬化，脾大，腹水，门脉高压。

于2008年12月行脾切除、贲门周围血管离断术。术中进展顺利，术后在手术室观察30分钟，见腹腔引流出血性液 800mL，BP 60/35mmHg 左右。再次开腹探查，未见出血血管及明确出血区域，创面渗血严重，行腹腔纱布填塞止血术。术中出血约 3000mL，气管插管无法脱离呼吸器，后抢救无效死亡。

争议焦点

患者家属将××医学院附属医院诉至人民法院，认为被告医院在诊疗过程中存在严重过错，造成患者死亡。双方主要争议焦点如下：

患方认为：（1）术前血小板低，未达正常值，是手术绝对禁忌证；（2）行食管静脉曲张硬化术绝对不是 8 天后的手术适应证；（3）脾切除、贲门周围血管离断术，在术中人为操作失误造成大出血；（4）DIC 诊断不成立；（5）术后回病房抢救不积极。

医方认为：（1）术前准备充分；（2）选择的手术时机是在凝血机制及肝功能改善、胃镜检查证实重度食管胃底静脉曲张时，术式选择了增加向肝血流且操作简单的断流术，应当是得当的；（3）及时发现了腹腔渗血情况，在手术室就地抢救、会诊，及时向患者家属告知术中情况，征求家属处理意见；（4）术后抢救方面，使用了生长抑素类药物，并针对 DIC 使用了肝素抗凝、输血及抗休克、纠正酸中毒及离子紊乱、护肝、抑酸等一系列抢救措施，在抢救的数小时内 2 次向患者家属交代病情，沟通治疗意见。

鉴定结论

诉讼中，经医患双方申请，受案人民法院就本案依法对外委托司法鉴定。鉴定结论为：××医学院附属医院在对本例患者的诊疗过程中，存在手术适应证选择不当、术前准备不充分及术后缺乏针对性处理措施的医疗过失；该过失系患者死亡的主要原因。医方的责任程度为主要责任，参与度为 E 级，理论系数为 75%。

分析评论

（一）对诊疗行为的评价

1. 关于诊断

患者酒精性肝硬化病史 5 年余，辅助检查显示肝功能、凝血机能、血细胞均有明显改变，故入院后诊断为酒精性肝硬化、门静脉高压、脾功能亢进，依据充分。于 2008 年 12 月行脾切除、贲门周围血管离断术，术后严重失血，诊断为失血性休克，考虑有 DIC 可能，符合规范。患者于 2008 年 12 月经抢救无效死亡，医方分析认为，系出现了多脏器功能衰竭，其诊断正确。

2. 关于手术适应证

患者手术前辅助检查示，胆红素明显升高，白蛋白降低，凝血酶原时间延长，血细胞计数减少，B 超见：有腹水、肝硬化、门脉高压。表明患者肝功能很差，同时伴有严重的脾功能亢进和凝血功能障碍，并伴贫血及血小板减少。Child – Pugh 分级为 C 级。

目前，医学上认为："鉴于肝硬化病人的肝功能损害多较严重，任何一种手术对病人来说都有伤害，甚至引起肝衰竭。因此，对有食管胃底静脉曲张，而没有出血的病人，原则上不做'预防性手术'，重点应放在护肝治疗方面。"[①] "对于有黄疸、大量腹水、肝功能严重受损的病人（Child – Pugh C 级）发生大出血，如果进行外科手术，死亡率可高达 60% ~ 70%。对这类病人应尽量采用非手术疗法，重点

---

① 陈孝平主编：《普通高等教育"十一五"国家级规划教材——外科学（第 2 版）》，人民卫生出版社 2010 年版，第 628 页。

是输血、注射垂体加压素以及三腔管压迫止血。"①

本例系肝功能严重受损的患者，且当时及以前没有发生过急性大出血。医方在这种情况下选择为患者进行预防性手术，不符合一般处理原则，治疗措施过于积极。

3. 关于术前准备

患者的肝功能和凝血机能检查均为距手术 5 天之前所做，难以准确反映术前的真实情况。从术前 1 天的血常规检查看，各项指标均较 5 天前下降，尤其是血小板由 67（10〳9/L）降到了 43（10〳9/L）。因此，在没有掌握相关辅助检查指标的情况下，医方施行手术，具有一定的盲目性。

术前小结中，医方拟行的手术方式为"脾切除术"，而手术记录中载："决定行脾切除、贲门周围血管离断术"，表明医方术前对手术方式的论证欠充分。

患者术前血小板很低，医方在术前、术中均未予补充，也没有预备血小板，直至术后约 15 个小时（12：30～次日 3：30），方才开始输入血小板，此时距患者死亡仅仅 2 小时余。据此分析认为，医方术前没有就手术中可能出现的情况作出全面预案及充分准备。

4. 关于术后处置

术后，发现出血情况，医方及时进行了第二次开腹探查手术，请相关科室会诊，采取呼吸机辅助通气、输入红细胞及血浆、抗休克、治疗 DIC 等措施，处理原则基本符合规范。但是，没能及时补充血小板及凝血因子，没能具有针对性地治疗，措施尚显不足。

---

① 陈孝平、汪建平主编：《"十二五"普通高等教育本科国家级规划教材——外科学（第 8 版）》，人民卫生出版社 2013 年版，第 440 页。

（二）医疗过错行为与患者死亡之间的因果关系及参与度分析

由于医方的手术适应证掌握不当，对患者主要产生两方面的影响：一方面，手术的打击加重了肝功能障碍和凝血机能障碍；另一方面，手术的创面为出血并导致失血性休克创造了条件。而医方术前准备不充分，对术后出血病情的发生及应对有不利影响。术后处置中缺乏及时的针对性处理措施，也对病情的控制不利。

本例中，患者患有酒精性肝硬化多年，已经出现严重的肝功能障碍、肝硬化、门脉高压、脾功能亢进等病情，属于难治范畴，远期预后很差。

经综合考虑，医方手术适应证选择不当、术前准备不充分及术后缺乏针对性的处理措施的医疗过失行为是造成患者于术后短时间死亡的主要原因。因此，医方的责任参与度为 E 级，理论系数为 75%。

建议医疗机构应当通过本例进行深刻反思，总结经验教训，防范类似的医疗纠纷再次发生。尤其是以下两点非常值得广大临床医务人员研究借鉴。

1. 严格把握手术适应证。在目前医患关系较为紧张的形势下，对风险性较高的手术应持审慎的态度。本例患者肝功能 Child－Pugh 分级为 C 级，如果行分流手术，其死亡率 >50%，虽然医方的初衷是使患者得到较为彻底的治疗，以防之后出现致命性大出血，但是，万一出现了不良后果，医患纠纷在所难免。

2. 认真做好术前准备肝胆外科的手术，术前应认真评估患者的各方面状况，特别是对肝脏功能的评估。本例术前没有对肝功能进行 Child－Pugh 分级，也没有详细的术前讨论，很多重要的检查也都是 5 天前做的，在这种情况下实施手术是比较盲目的，导致术后因肝功能衰竭而出现难以控制的出血时措手不及。

（刘革新）

No. 12
因"肝占位"行左半肝切除术后形成肠瘘一例

案情介绍

　　患者，男，70 岁。2008 年 9 月上旬，因发热、腹痛在当地县医院就诊，经 CT 检查提示左肝占位，为进一步诊治，于 2008 年 10 月入住到××医院肝胆外科。入院后询问病史为：1998 年夏季因急性腹痛、发热、黄疸诊断为胃穿孔、胆囊结石，在当地医院行胃大部切除、胆囊切除术；2001 年又出现腹痛、黄疸、间断发热，在当地县医院行胆总管切开取石、T 管引流术；2002 年因间歇性右上腹痛诊断为胆总管结石，再次行胆总管探查、胆管十二指肠吻合术；2004 年因突然出现右上腹痛诊断为急性胆管炎、胆总管结石，行肝左外叶部分切除术、胆总管探查 T 管引流术；此后至本次发病之间出现过发热、寒战及上腹疼痛，但无黄疸。本次发病的辅助检查情况为：超声检查示肝左叶见大小为 2.7cm×2.5cm 的不规则低回声区，无包膜，与周围肝组织分界欠清，印象：炎性病变可能性大；CT 检查肝左叶病灶，肝脓肿和肝肿瘤性病变较难鉴别；核磁共振检查左肝叶感染性病变可能性大，胆管炎。诊断为：肝占位、胆管炎、胆囊切除术后、胆总管探查取石术后、胆总管十二指肠吻合术后。

　　治疗经过：2008 年 10 月 23 日行左半肝切除、肝尾状叶切除、胆管切开取石、胆道镜检查、肝门部胆管整形、胆管十二指肠吻合、T管引流、十二指肠造瘘术。病理回报为肝组织多灶性急性化脓性伴慢性炎，伴会管区纤维结缔组织及导管增生。术后第8天，因发热、腹膜炎体征、T管窦道口红色腹水溢出，行剖腹探查、结肠穿孔修补、结肠造瘘术。再次手术后第6天，因上述症状加重，行剖腹探查、横结肠部分切除、右肝管－空肠Roux-en-y吻合、十二指肠造瘘、胃造瘘、横结肠单腔造口术。术后逐渐恢复，半年后在其他医院行结肠还纳术。

■ 争议焦点

2011年，患者将××医院诉至人民法院，认为被告医院在诊疗过程中存在严重过错，造成患者左肝阙如，并经受了肠瘘造成的病痛和经济损失。

患方认为：（1）诊断错误：将明确的"肝脓肿"诊断为含糊的"肝占位"。因为术前的超声和核磁共振报告均为"炎性病变可能性大"；不应因周围气体干扰而取消超声下穿刺活检。（2）医方以"肝占位"是恶性病变诱使患方同意切除左肝。（3）治疗错误：应进行抗感染治疗，不应进行手术。第一次手术目的不明确，手术操作错误导致肠穿孔。第二次手术操作错误导致肠瘘、胰瘘。（4）被告的过错与患者的损害后果有直接的因果关系。

医方辩称：（1）患者符合手术探查指征，术前预案为左半肝切除等；（2）在术前反复向家属说明手术方式和可能存在的风险，并征得家属同意签字；（3）反复出现结肠瘘的原因：一是反复多次腹腔手术，二是患者年龄较大，愈合能力较差，三是患者未经医嘱许可过早进食；（4）第一次手术没有改变预定的手术方式，左半肝病灶切除后，马上就送快死冰冻病理检查。术中冰冻病理结果在手术当天告知了家属，并将术中超声结果告知了家属。我们所施行的手术方式在术前也经家属签字同意，对方案表示理解。

鉴定结论

诉讼中经医患双方申请，受案人民法院就本案依法对外委托司法鉴定。鉴定结论为：

1. ××医院对患者的医疗过程存在以下医疗过错："肝占位"或"肝占位性病变"的诊断不具体；左半肝切除术的操作方法存在缺陷；出现肠瘘后行结肠穿孔修补术（第二次手术）不当。

2. 上述医疗过错与患者目前损害后果的因果关系为：肝左叶切除与医疗过错无因果关系，医方无责任；肠瘘的形成及未能及时控制与医疗过错存在部分因果关系，医方负主要责任。

3. 患者目前的伤残等级及医疗过错参与度为：肝左叶阙如属于九级伤残，系正常医疗后果，医方无责任；肠瘘及后续相关治疗手术造成了"消化道修补"，构成十级伤残，医方负主要责任。

分析评论

（一）关于诊断

本例患者主因在当地医院发现"肝占位"，为求进一步治疗，于 2008 年 10 月 14 日入住××医院。涉及肝胆方面的初步和最后诊断（2008 年 10 月 14 日）为：肝占位、胆管炎、胆囊切除术后、胆总管探查取石术后、胆总管十二指肠吻合术后；补充诊断（2008 年 10 月 23 日）为：肝胆管结石；术后诊断（2008 年 10 月 23 日）为：（1）肝占位；（2）胆管炎；（3）胆囊切除术后；（4）胆总管探查取石术后；（5）胆总管十二指肠吻合术后，出院诊断为：（1）胆管炎；（2）肝胆管结石；（3）肝占位性病变；（4）胆道术后残留结石。对于医方在诊断中的相关问题分析如下：

1. "肝占位"或"肝占位性病变"的诊断不具体

手术前，超声（2008年10月16日）和核磁共振（2008年10月17日）检查均提示炎性病变的可能性大，此时虽然不能完全排除恶性病变，但应该作出可能性最大的倾向性判断。手术后，根据术中所见和病理检验，已经完全可以对肝占位的性质作出明确的诊断，即肝左叶肝内胆管结石伴化脓性胆管炎。"肝占位"的解释应为，肝内胆管梗阻引起化脓性胆管炎和化脓性肝炎，导致病肝与正常肝脏之间形成分界。但是医方直至患者出院仍然采用"肝占位性病变"的诊断，不符合诊疗规范规定，提示医方诊断不到位。

2. 术前的胆管炎及其他诊断正确

术前胆管炎的诊断依据主要有：胆囊结石并胆囊切除术后、胆总管结石并胆管十二指肠吻合术后、急性胆管炎和再次胆总管结石并肝左外叶部分切除术和胆总管探查T管引流术后等病史；本次来院前数月开始出现发热、寒战及上腹疼痛，但无黄疸，患者自诉多于"感冒受凉"后诱发，发作后经治疗能较快缓解；本次来诊无明显症状，超声及CT检查示"肝占位，炎性病变可能性大"。因此，术前的胆管炎的诊断依据较充分，诊断可以成立。其他诊断系依据病史，术中所见，病理检查而作出，诊断正确。

3. 未行肝穿刺活检确因客观条件所限

患者入院第1天，科主任即指示："必要时行超声引导下穿刺活检。"10月21日术前讨论中载："昨日带患者到超声科，经××主任会诊认为左肝占位超声显示不清，周围气体干扰较大，不宜行肝穿刺。"此种情况下若强行穿刺不仅难以准确穿刺到病灶，还易于造成胃肠等脏器的穿孔。故医方因客观条件所限未行肝穿刺活检不违反诊疗规范。

（二）关于治疗

××医院于2008年10月23日对患者施行第一次手术，即左半肝切除、胆管切开取石、胆道镜检查、肝门部胆管整形、胆管十二指肠吻合、T管引流、十二指肠造瘘术，术中发现左肝叶挛缩，左肝内可触及多处较硬结节考虑为肝内结石或纤维增生，解剖第一肝门，分离出原胆肠吻合口并切断之，肝门部胆管明显扩张，从胆道内取出较多黄色结石，多为泥沙样，以左侧肝管为多，应用胆道镜探查发现左肝内胆管炎症性改变，左肝管内较多结石，少量脓性积液。术后第6日起出现发热、腹部胀痛，腹腔引流管引出多量红色腹水，持续加重，出现腹膜炎体征。医方遂于2008年10月31日施行第二次手术，即剖腹探查、结肠穿孔修补、结肠造瘘术，术中发现结肠肝区可见一个约1.5cm直径的穿孔，肝总管与十二指肠吻合口处肝总管壁血供较差，修剪结肠穿孔，置入蘑菇头状引流管。第二次手术后第4天，患者辅料湿透，有粪臭味，术后第五天由科主任行床边清创，发现原结肠造楼管周围溃烂，结肠内容为流出。医方于2008年11月5日晚至6日凌晨行第三次手术，即剖腹探查、横结肠部分切除、右肝管–空肠Roux–en–y吻合、十二指肠造瘘、胃造瘘、横结肠单腔造口术，术中切除原造瘘口及附近约10cm的横结肠（因血循环不良）。此后病人逐渐恢复，于2009年1月22日带结肠造口出院。后于2009年6月22日在其他医院行肠粘连松解、结肠还纳术后康复。对于治疗中的相关问题分析如下。

1. 肝左叶切除符合治疗原则。对于患者所患的胆管炎，目前医学上的治疗原则为解除梗阻、去除病灶、通畅引流，故临床上大多将手术切除病变肝脏作为首选的治疗方法。当时的左肝占位，即使不是恶性病变，也符合肝左叶切除的手术适应证。故医方在未确认肝占位为恶性病变时，即选择了左肝部分切除或左半肝切除术并不违反诊疗规范。关于这一手术方案术前也征得了患方的同意，手术同意书中未显示出医方以肝占位是恶性病变而诱导患方签字。

2. 左半肝切除术的操作方法存在缺陷。根据现病史中记载，本例患者曾经历过多次上腹部手术，并做过"胆总管十二指肠吻合术"，因此，患者应有较为严重的肝门部组织粘连、原胆肠吻合口结构紊乱、肠管等部位的血运重建等问题，并且没有原胆肠吻合口再梗阻的征象。医方应考虑这些因素，直接行肝左叶切除术，不应采取拆除原胆总管十二指肠吻合口的手术方式。当时的手术方式的选取构成医疗过失。

3. 出现肠瘘后行结肠穿孔修补术（第二次手术）不当。第一次手术后患者出现肠瘘、腹膜炎病情。医方遂施行剖腹探查、结肠穿孔修补、结肠造瘘术（第二次手术），术中发现结肠肝区可见一个约 1.5cm 直径的穿孔，进行了引流及缝合。医方应考虑到穿孔部位周边的结肠组织已经存有炎性病变，加之肠内容物和腹膜炎的影响，单纯的缝合难以愈合，不能彻底解决肠瘘的问题，故当时直接做造口术是更好的选择。

4. 结肠造口术（第三次手术）正确。患者于结肠穿孔修补术（第二次手术）后，再次出现了肠瘘、腹膜炎，医方遂施行了剖腹探查、横结肠部分切除、右肝管-空肠Roux-en-y吻合、十二指肠造瘘、胃造造瘘、横结肠单腔造口术（第三次手术），本次手术方案的选择及手术操作均符合诊疗规范要求。

（三）关于因果关系

1. 左肝叶阙如与医疗过错无因果关系。医方在第一次手术中切除了患者的左肝叶，该手术方案系治疗患者胆管炎的正确方法，医方无过错，故对这一后果无责任。

2. 肠瘘及其引发的一系列后续医疗与医疗过错有部分因果关系。医方在第一次手术中，错误地采取了拆除原胆总管十二指肠吻合口的手术方式，致使对原腹腔粘连组织分离范围增大，对周围肠管的结构和血运产生影响，故肠瘘的发生与医疗过错具有部分因果关系。医方的第二次手术选择了施行结肠穿孔修补术是不恰当的，导致患者的肠瘘没能及时有效地得到控制。

当然，患者自身系 70 岁的老年人，多年罹患肝胆胃肠疾病而导致身体状况欠佳。更主要的是之前已经接受了胃大部切除、胆囊切除、左肝外叶切除、胆总管十二指肠吻合等多次手术，导致腹腔严重粘连。

对比分析医方过错的影响程度和患者自身状况的基础条件，认定医方的医疗过错系肠瘘发生发展的主要因素，故医方应对肠瘘及其引发的一系列后续医疗承担主要责任。

（四）关于伤残等级及参与度

1. 肝左叶阙如构成九级伤残，医方无责任。本例损害后果之一是肝左叶阙如，从解剖机构上看，小于肝脏总体积的 1/3，根据北京司法鉴定协会的《人体损伤致残程度鉴定标准（试行）》第 2.9.34 条之规定，即"肝切除小于 1/3"，该后果属于九级伤残。但是，该损害系医疗的正常后果，并非医疗过错所致，故医方无责任。

2. 消化道修补构成十级伤残，医方负主要责任。本例的另一个损害后果是肠瘘，为治疗肠瘘，患者经历了多次手术,并切除了 10cm 的结肠,根据北京司法鉴定协会的《人体损伤致残程度鉴定标准(试行)》第 2.10.37 条之规定,即"消化道修补",该后果属于十级伤残。该损害与医方第一次手术采取的方式不当及第二次手术方案错误有部分因果关系,医方应负主要责任。

本例应该深刻反思,总结经验教训,防范类似的医疗纠纷再次发生。以下两点值得研究借鉴:

1. 细化医患沟通。引发本起医疗纠纷的主要原因是医患沟通不到位。医方在手术前没能使患方确实知晓即使左肝占位不是恶性的,仅肝内胆管炎就应该采取切除左半肝的治疗方法,致使患者一直误认为由于"肝占位"是恶性的,才同意切除左半肝,结果病理回报是炎性的,应该保守治疗,自己痛失左半肝,完全是医方的诊断错误所致。虽然,在手术同意书中并没有"因为左肝占位是恶性的才予切除"之类的表达,鉴定结论也没有支持患方的观点,但是,患方产生这样的想法也不会是空穴来风。因此,本例警示我们,除手术同意书需要正确签署外,与患者的口头交流是更为重要的。患者往往难以关注到手术同意书上的"措辞",却可以轻而易举地牢记医生所说的"病情",尤其是"良性"、"恶性"之类,甚至于当时的语调和表情都可能历历在目。本例如果医患沟通再细致一些,患方就不会因为"本不应该切除的左肝被切除"而耿耿于怀了。

2. 加强科室间合作。伴随着医学的深入和专业化发展,学科之间划分更加细化和具体,医生们在本领域内不断向"高、精、尖"发展,但对其他专业的知识和技术则逐渐生疏。本案例中,患者手术后第 8 天出现了明显的肠瘘征象,肝胆外科的医生采取的是结肠穿孔修补术,没有考虑到穿孔部位周边的结肠已经存有炎性病变,加之肠内容物和腹膜炎也有较大的影响，结果肠瘘未愈合反而加重。后经普外科主任会诊，建议行结肠造口术，方才治愈。由此可见，肝胆外科医生在发现或造成肝胆系统以外的脏器、组织的病变、并发症、损伤时，应及时请相关科室会诊并协助处理，以免给患者造成不应有的延误和痛苦。

（刘革新）

No. 13
胆囊切除术后致脑水肿植物人一例

案情介绍

患者，女，69 岁。主因"间断性右上腹痛 2 年余，加重 10 余天"于 2014 年 2 月 17 日 9 时入院。既往患有精神病史多年，口服镇定药物氯氮平治疗十余年，10 余天前腹痛再次发作，程度严重，无发热、呕吐、无呼吸困难、腹泻，在家输液抗炎治疗 7 天，疼痛减轻。为行手术治疗遂入住××医院。检查后诊断为：慢性胆囊炎急性发作；胆囊结石；胆囊胆汁瘀积。术前讨论认为，患者具备适应证，无明显禁忌证。完善术前准备，于 2014 年 2 月 19 日上午在器官插管静脉符合麻醉下行胆囊切除术，手术过程顺利，于上午 11 时 20 分返回病房，回访时患者睡眠状态，呼唤时可配合睁眼及伸舌，有应答声，于 11 时 50 分呼吸突然停止，意识不清，呼唤不应、面色苍白、双侧瞳孔散大，直径 6 毫米，对方反射消失、口腔有白色泡沫状分泌物。即行气管插管、呼吸机辅助呼吸等相关抢救，经抢救无效，患者死亡。

争议焦点

患方认为：医方诊疗不规范，在患者术后未完全清醒的状态下回到病房时，病情观察不到位，未及时发现患者病情变化，导致脑水肿植物人。

医方认为：符合诊疗常规，对患者的死亡无责任。

鉴定结论

经医患双方申请，××医调委医疗责任保险事故鉴定专家委员会集体讨论认为：医方对患者的诊疗过程中存在医疗责任，应承担主要责任。

分析评论

根据医患双方提供的材料，现场陈述，专家询问，经专家讨论分析认为：

1. 本例诊断明确、有适应证、麻醉方法选择正确。

2. 术后必须由麻醉医师亲自护送患者回病房，病房应备有简易急救用品（呼吸器、吸痰机、气管插管等）。

3. 麻醉诱导后血压持续下降约 30 分钟未做及时处理。

4. 术后未进行肌松拮抗（如新斯的明）。

5. 全麻后或者未完全清醒、肌力未恢复拔管过早。

6. 返回病房呼吸心跳停止，是由于上呼吸道梗阻，缺氧导致心跳停止。

7. 心肺复苏不及时，导致脑水肿、植物人。

（刘丽萍　代美云）

No. 14
高龄胆囊炎、胆囊结石患者住院死亡一例

▍案情介绍

患者，男，91 岁。近两个月来自觉腹部疼痛，以右上腹为主，伴腰背部困乏不适，无恶心、呕吐、发热、发汗等症，休息后可缓解。近十日来频繁发作。在其他医院检查考虑：胆囊炎、胆囊结石、前列腺增生。为进一步检查治疗进入××医院。入院后检查 MPC 回报示：（1）胆囊炎、胆囊多发结石；（2）肝脏及双侧肾脏多发囊性病变；（3）胆管未见梗阻。心脏彩超示：（1）主动脉瓣退行性；（2）主动脉硬化。腹部彩超回示：（1）肝多发囊肿；（2）肝内多发低回声实性占位（建议进一步检查）；（3）胆囊炎伴胆囊多发结石。泌尿系统彩超：（1）前列腺体积大伴钙化；（2）前列腺右侧叶低回声结节。肺部正位平片示：两肺间质性改变。心电图示：异常 T 波。全腹 CT 结果回报：（1）肝内多发囊肿；（2）肝内多发较低密度病灶，考虑转移瘤可能性大；（3）胆囊炎、胆囊高张力改变；（4）腹膜后腹动脉旁多发小淋巴结；（5）前列腺体积大、密度不均，增生，并前列腺多发钙化灶；（6）右肺中叶内侧段孤立性结节灶。入院后完善相关检查，保肝营养支持治疗。

2013 年 3 月 10 日，为次日 CT 空腹准备，患者服用磷酸钠盐口服溶液，出现腹泻。至次日早上 8 点，患者大便时发现有血样物，排尿困难。

2013 年 3 月 11 日 20：05，患者突发恶心、呕吐，呕吐物为褐色黏稠物。至 12 日凌晨 3 点左右，开始吐鲜红血液。心内科会诊后建议：急查出凝血、电解质、心电图、血常规，予 5% 葡萄糖＋硝酸甘油 5mg，按 5mL／小时泵入，予低分子肝素钙 4100U，皮下 Q12h。随即向家属下病危通知书，12 日凌晨 6 点，患者突发呼吸微弱，随即血压、心率开始下降，6：10 呼吸暂停，抢救至 7：20 患者临床死亡。

争议焦点

患方认为：（1）患者家属在患者死亡当日（3 月 12 日）即提出封存病例要求，医方直到次日（13 日）下午 4 点才封存；（2）不认可医方提出的死亡依据；（3）主治医师操作流程是否规范：在未与心内科、消化内科会诊的情况下，使用心脑血管药物，并且使用后未及时跟进、观察，患者吐血、便血的原因是什么？（4）患者以胆结石、胆囊炎入院，死亡前服下 1500mL 含有清肠药的液体，是不是导致患者死亡的主要原因？（5）在患者抢救过程中使用低分子肝素钙注射液，是否加剧了内脏出血？（6）在患者提出导尿要求时，主治医师敲击患者腹部后说没尿离开了，结果当晚导尿 1600mL，该医师的操作是否符合执业要求。

医方认为：（1）患者的死亡原因是：呼吸循环功能衰竭；急性脑梗；右侧肝癌，多发肝转移、腹腔淋巴结转移；（2）医方的整个诊疗过程符合诊疗常规，不存在过错；（3）医方对本例患者的死亡不应承担责任。

鉴定结论

经医患双方申请，××医调委组织相关专家召开了医疗责任保险事故鉴定会。鉴定结论为：医方对本例患者的治疗行为存在医疗过错，应承担次要责任。

分析评论

1. 入院诊断"慢性胆囊炎、胆囊结石、前列腺增生"明确。

2. 死亡诊断：急性脑梗塞属于推论性诊断，缺乏客观性证据。

3. 针对胆囊炎、胆囊结石进行了一定的治疗。

4. 对高龄患者及潜在多合并症的预见性不足，容易出现的危险性估计不足，未充分重视（未及早下病危通知书，未及时进入 CCU 并充分告知家属病情的严重性）。

5. 虽然有"胆囊炎、胆囊结石"适应证，但是患者处在较多相对禁忌证（凝血机制、高龄、肝功能异常、严重低蛋白血症）。

6. 入院后未请相关专科（呼吸、心内、消化、血液、神内）会诊，以制订详细的专科救治。

7. 对某些药物的使用适应证把握欠佳（丹参川芎嗪注射液）。

8. 病历书写欠规范（病情变化无分析、影像检验阳性无分析及处理）。

（刘丽萍　韩文林）

No. 15

腹腔镜胆囊切除术中损伤胆管转开腹术死亡一例

▮▮ 案情介绍

患者，男，64 岁。主因间断性右上腹疼痛 20 年，加重 1 日，于 2013 年 7 月 21 日入院。初步诊断"胆囊结石伴急性胆囊炎、2 型糖尿病、冠状动脉植入后状态、冠心病"。

入院后建议实施胆囊切除术，经术前准备，于 2013 年 8 月 2 日在全麻下行腹腔镜胆囊切除术。术中见胆囊充血水肿明显，术中出血不多，术后予以对症、支持、消炎治疗。术后，因胆漏引起感染中毒性休克，出现呼吸、循环、肾功能衰竭。虽经人工呼吸机、透析等抢救，终因多器官功能衰竭，于 2013 年 8 月 11 日抢救无效死亡。

另外，患者年初去××医院进行过一次腹腔 B 超检查，发现胆囊有点萎缩，医生建议，现在问题不大，为预防将来更严重，可以考虑做手术。患方考虑地域问题，不方便照顾，就回到当地××医院进行手术，患者家属认为病人入院前状态很好，一个胆囊切除术竟然死亡，很难接受该现实。

▮▮ 争议焦点

患方认为：患者入院时精神状态各方面都很正常，未表现出明显疼痛，手术后出现多器官衰竭并死亡，是手术造成的问题还是其他问题。坚持认为医方应当承担全部责任。

医方认为：整个治疗过程都是按操作规范进行的，术中出现胆漏是意外情况，发现休克后也进行了积极地抢救，故医方不应当承担故意的责任。

鉴定结论

根据医患双方的申请，××医调委组织相关专家进行了医疗责任保险事故鉴定，鉴定结论为：医方在诊疗过程中存在缺陷，应当对患者的死亡承担主要责任。

分析评论

第一，围手术期工作不到位，表现在：

1. 术前讨论不认真，尤其是患者患有糖尿病和冠心病，无论是做腹腔镜胆囊切除术，还是开腹做胆囊切除术，均存在手术风险，医方对易出现的危险性估计不足，重视不够，未及时报病危，未及时入CCU重点观察。

2. 术中改变术式，未向患者家属充分告知。

3. 对术前、术中、术后可能出现的致命危险，告知不到位。

4. 术前患者既有糖尿病，又有冠心病支架植入后状态，未及时请相关科室会诊，以制订相应救治方案（内分泌、心内科等）。

第二，采用腹腔镜做胆囊切除术，术中因操作失误损伤胆管，引起中转开腹二次手术，术后又出现严重并发症。

第三，中转开腹术后，出现胆汁性腹膜炎、中毒性休克死亡，其原因为：腹腔引流不畅（应左、右下腹放置引流管，同时胃肠减压）加剧感染、休克酸中毒等。而医方没有采取积极有效的抗休克、纠正水电解质失衡等诊疗措施。

（刘丽萍　贺富恒）

No. 16
ERCP 术后并发胰腺炎死亡一例

▌ 案情介绍

患者，男，80 岁。主因"间断上中腹痛 3 月"入院。入院后完善相关检查，MRCP 示：（1）慢性胆囊炎，胆囊多发结石；（2）胆总管下端多发小结石；肝内、外胆管轻度扩展；（3）肝内多发小囊肿；（4）双肾多发小囊肿；（5）十二指肠降段憩室形成。入院诊断：慢性胆囊炎、胆囊结石、胆总管多发结石。

术前考虑患者并无明显手术禁忌证，遂于 2014 年 5 月 1 日行"LC + ERCP 术"。术后，患者并发急性胰腺炎、急性胆管炎，予以积极抗感染、抑酶等相关治疗。2014 年 6 月 7 日下午，患者突发呼吸困难，院方立即实施抢救，后经主治医师向患者家属交代病情后，家属要求放弃抢救，自行出院后死亡。

▌ 争议焦点

患者认为：（1）手术方案实施欠妥；（2）手术准备仓促、未能充分向患者家属交代手术治疗方案及风险；（3）5 月 10 日检查时发现潘氏管扭曲，是否是导致腹腔积液和腹膜炎的原因？（4）患者一直上消化道出血，术后 31 天才确诊，延误治疗时间；（5）患者大量呕吐后，出现高热、寒战等症状未引起医生重视；（6）患者突然死亡与医院护理有直接关系。

医方认为：诊疗符合规范，对本例患者死亡无责任。

鉴定结论

经医患双方申请，××医调委医疗责任保险事故鉴定专家委员会集体讨论认为：医方对患者的诊疗过程中存在医疗过错，应承担次要责任的保险赔偿。

分析评论

根据医患双方提供的材料、现场陈述、专家询问，经专家讨论分析认为：

1. 根据患者体征、病史及相关检查结果，医院做出"慢性胆囊炎、胆囊结石"的诊断明确，术后"急性胰腺炎"的诊断明确。

2. 医院对老年病人病情的严重程度、风险估计不足，术前准备不充分，患者术前血气、血氧分压较低，未对肺功能做出评估及改善，也未请呼吸、心内科进行会诊。

3. 医院对术后并发胰腺炎的风险估计不足，治疗不及时，未进行专业性规范治疗，即 ERCP 术前未着重强调胰腺炎的严重性，胰腺炎发生后未及时进行胃肠减压，过早进食，诊疗护理未引起足够重视。

4. 医患之间缺乏有效沟通，医护人员未能将患者病情的严重程度及风险充分告知患者家属。

（刘丽萍　杨文对）

No. 17
术中未送冰冻导致手术范围过大一例

▮▮ 案情介绍

　　患者，女，43 岁。2009 年 6 月 29 日，主因中上腹胀痛不适 2 月入 ×× 医院，胀痛尤其是进食后明显，伴右肩背部放射痛，恶心。查体，巩膜清，GI 提示十二指肠降段占位性病变，可能为良性腺瘤，需进一步检查以明确诊断。

　　2009 年 7 月 2 日 ×× 主任医师查房认为，胃镜示十二指肠降段新生物，目前再约 CT 作进一步检查，确定肿块性质后，再定是否手术治疗。2009 年 7 月 12 日，×× 主任指示：根据目前临床表现，十二指肠降部肿块明确。治疗方案：手术，术中作冰冻，如冰冻报告为良性，作楔型切除；如为恶性，作扩大根治术。扩大根治术创伤大，并发症多。如术中冰冻报告为恶性不能除外，手术仅做局部切除，石蜡诊断如为恶性再做根治术，但此时手术将给术中带来极不利的解剖情况。以上情况均需与家属详细阐明。医方在告知患方后，患方表示理解，后签字。

　　2009 年 7 月 17 日，×× 主任医师指示术前肠道准备，拟下周四行剖腹探查，待冰冻报告再决定进一步手术方案。应家属要求请 ×× 医院 ×× 教授来院手术。2009 年 7 月 19日术前讨论，讨论情况如下：（1）十二指肠降段占位存在，性质不能确定。（2）（家属强烈要求手术）考虑十二指肠占位以恶性为多，故拟剖腹探查，术中送冰冻，视结果再决定手术进行术式。（3）冰冻报告为恶性肿瘤，则行 Whipple

手术。

2009 年 7 月 22 日，手术探查发现：十二指肠降段内侧，在乳头下方腔内发现一直径 2.5cm 囊肿，十二指肠降段内后方、相当于胰头位置，有一约 4cm×2.5cm 硬块。术中再次向家属说明，肿物恶性可能大，不必送冰冻，并征得家属同意，决定做 Child 手术。术后出现休克，经抢救脱险。全科讨论形成综合意见：休克由多种原因引起——创伤、血容量、感染因素。病理诊断：十二指肠降部肠源性囊肿。出院诊断：（1）十二指肠降部肠源性囊肿、胰腺异位；（2）并发症：胰漏；（3）院内感染：霉菌感染。

2009 年 10 月 30 日至 2010 年 5 月 23 日，再次到××中心医院就诊，入院诊断：胰部分切除术后胰瘘。入院时主要症状：胰部分切除术后窦道不愈 3 月。患者入院后，给予支持抗炎补液，窦道闭合。出院诊断：胰部分切除术后胰瘘。

▌▌ 争议焦点

患方认为：（1）医方没有按照术前讨论方案实施手术，术中未送冰冻，盲目手术，造成患者被实施不必要的大手术。（2）医方手术损伤胰腺，属于医疗过错行为。（3）医方上述过错造成患者近一年的严重痛苦，与患者损害后果存在因果关系。

医方认为：（1）手术方式选择征得了患者家属同意，符合临床思维，没有违反诊疗常规、规范。（2）患者的损害后果——休克、胰瘘等是手术并发症，不属于医疗过错。

总结医患双方各自观点，争议焦点主要有三：（1）医方第一次手术术中未送冰冻是否符合医疗规范？（2）手术是否有必要做 Child 手术，是否只应做局部切除？（3）患者的胰腺是否存在变异？患者的胰瘘究竟是手术并发症，还是医方行为造成的损害后果？

▊ 鉴定结论

诉讼中，经医患双方申请，受案法院就本案依法对外委托司法鉴定。鉴定结论为：术中应送冰冻，以决定手术方式。术中未送冰冻，属于医疗程序过错，该过错导致手术范围过大。医疗过错与患者术后出现胰瘘导致的损害后果之间存在因果关系。

▊ 分析评论

（一）诊断和治疗方案的制定是正确的

患者因中上腹胀痛不适 2 月入院，尤其是进食后明显，伴右肩背部放射痛，恶心，查体，巩膜清，GI 提示十二指肠降段占位性病变，胃镜示十二指肠降段新生物，根据上述临床表现，十二指肠降部肿块明确。经治医院治疗方案：手术（剖腹探查），术中作冰冻，（1）如良性作楔型切除。（2）如恶性作扩大根治术，此手术创伤大，并发症多。（3）如术中冰冻恶性不能除外手术仅做局部切除，石蜡诊断如为（＋）再做根治术，但此时手术将给术中带来极不利解剖情况。以上情况均需与家属详细阐明，表示理解后签字为证。经治医院上述诊断、治疗方案制定符合十二指肠占位性病变诊疗常规。

（二）手术违背治疗方案和医疗程序，存在过错

在手术过程中，经治医生未按照术前所制订手术方案实行治疗，未送冰冻病理快速检验，违背医疗程序，仅凭主观经验即判断恶性可能性大，该行为属过于自信的过失，违反诊疗常规。显然，如有采用冰冻病理快速检验报告，

更有利于提高对肿物性质良恶性判断的准确度，而对肿物良恶性质的判断，直接决定手术术式，手术术式决定手术范围、手术创伤及并发症的发生种类和程度。在有条件的情况下，应当送冰冻快速病理检测，以提高诊断准确率，避免对病人没有必要的创伤。

（三）胰瘘为不必要的胰腺部分切除所导致

医疗行为应重视程序正义。肝胆外科手术所涉及的肿物，有时难以仅凭外观、触感等确定良恶性，还需依靠病理诊断。因肿物良恶性不同，所涉及的切除范围不同，切除范围越大，对于患者的创伤越大，因此术式的选择直接关系到患者的创伤程度，直接关系到患者的安全。手术方式选择不当，导致创伤不必要扩大，实际上是将患者置于一种不必要的危险状态，从而侵害了患者的生命健康权。因此，诊疗过程中应遵循医疗程序正义：一是该有的步骤不得缺省，二是顺序的步骤不得打乱，医疗程序正义对于保障患者的生命健康等权益至关重要。

本例中，术前制订的方案中，已明确术中送冰冻，根据冰冻结果决定术式，但遗憾的是术中术者过于自信，仅凭主观判断就替代术中冰冻，做出了不必要的手术方式选择，大大增加了患者后来发生并发症如休克、胰瘘的概率。可以说，术者的过于自信、未遵循医疗程序正义的过错，大大增加了患者损伤胰腺等的概率，与患者的损害后果存在一定的因果关系，应承担相应的医疗损害责任。

（刘瑞爽）

No. 18
腹腔镜中转开腹胆囊切除术取石不尽
导致再次手术一例

▌案情介绍

　　患者施××，男，57岁。因"反复右上腹痛20年，再发1天"，于2011年4月11日住入××医院，体检：血压120/74mmHg，神志清，精神软，急性病容，全身皮肤黏膜未见黄染，腹平软，肝脾肋下未及，剑突下及右上腹压痛，无反跳痛及肌紧张，Murphy's征（－），肠鸣间4次/分。初步诊断：慢性胆囊炎急性发作，胆囊多发结石，胆总管结石，肝囊肿。入院后予抗感染、止痛、补液等治疗。4月14日磁共振检查示：慢性胆囊炎伴结石，肝脏多发小囊肿。4月18日超声检查示：急性胆囊炎伴颈部结石、胆囊壁多发结晶，右肝囊肿。经术前小结、手术与麻醉知情同意书及手术审批等手续后，××医院于2011年4月21日为施××在全麻下行腹腔镜中转开腹胆囊切除术。术中，腹腔镜探查见胆囊被周围组织致密包裹无法分离，遂中转开腹分离粘连，见胆囊明显肿大，约12cm×6cm×3cm大小，张力高，胆囊壁明显增厚，胆囊黏膜坏疽，胆囊内有细小泥沙样结石，胆囊三角炎症致密解剖不清，胆囊行浆膜下解剖切除，结合患者无阻塞性黄疸及肝功能异常，术中与家属沟通后未行胆总管探查，告知必要时需行ERCP治疗。术后予止血、抗感染、补液等治疗。4月23日病理诊断：慢性胆囊炎，急性活动期，局部灶区黏膜坏死。施××于

2011 年 5 月 4 日出院，出院时一般情况可，腹部切口对合愈合好，无红肿渗出，已拆线，Ⅱ/甲愈合。出院诊断：慢性胆囊炎急性发作，坏疽性胆囊炎，胆囊内泥沙样结石，肝囊肿。2012 年 1 月 24 日，施××因"上腹痛 5 天"入住××市第一人民医院普外科，入院诊断：残余胆囊伴结石可能，胆囊术后，肝囊肿、前列腺增生伴多发结石。2 月 6 日在全身麻醉下行剖腹探查、残余胆囊切除术。施××于 2 月 15 日出院。出院诊断：残余胆囊伴结石，胆囊术后，肝囊肿、前列腺增生伴多发结石。2012 年 3 月 29 日至 4 月 13 日间，施××以"左肢体麻木 20 余天"再次入住××市第一人民医院神经内科治疗。医生诊断为：脑梗死，胆囊切除术后、胆总管轻度扩张，双侧筛窦、额窦炎，慢性浅表萎缩性胃炎伴糜烂，高血脂症，维生素 B_{12} 缺乏症等，施本海未提供该次住院的住院病历。出院后，施××认为，××医院于 2011 年 4 月 21 日针对其所做胆囊切除术，存在过错，从而与××医院发生医疗纠纷。

■■ 争议焦点

患方认为：2011 年 4 月 11 日，患者因腹痛难忍而至××医院诊疗。入院诊断为：慢性胆囊炎急性发作、胆囊多发结石、胆总管结石。同天，医方在诊断不仔细、手术方案不确定及麻醉失效的情况下，为患者行腹腔镜中转胆囊切除术，术中仅取出少许泥沙样结石。患者在"治愈"出院一个月后就再次发生腹痛。同年 10 月，患者又因腹痛难忍到医方检查，结果发现"胆总管结石"。患者彻底治疗胆石症，赴××市第一人民医院进行治疗，并于 2012 年 2 月 6 日行"探查、残余胆囊切除术，术中发现残余胆囊中"壶腹部可及橄榄样大小结石一枚约 2.5 cm，诊断为"残余胆囊伴结石"。患方认为，医方在针对患者的手术治疗过中存在医疗过错，造成了患者严重的损害后果，依法应当承担损害赔偿责任。

医方辩称：在鉴定前，医方辩称医务人员针对患者施××的治疗基本符合医疗常规，不存在过错，请求法院驳回原告之诉讼请求。在收到××大学司法鉴定中心的医疗损害鉴定意见书后，××医院补充答辩称，认可医疗损害鉴定意见，但医方仅承担次要责任，具体的民事责任比例由法院依法裁判确定，请求法院依法确定我院的赔偿份额和赔偿数额。

鉴定结论

在审理中，法院根据原告施××的申请，经双方当事人同意委托××市医学会对××医院针对施××的医疗行为是否存在过错，其过错与损害结果之间因果关系（参与度、主次责任），伤残等级（按照医疗事故标准），患者施××是否需要营养支持及营养补助时间进行鉴定。鉴定意见为：医方未在术中、术后将这一情况和患者今后可能出现的情况及进一步的诊疗方案告知患者，存在过错，与患者两次手术之间无因果关系。患者胆囊切除系本身造成，不属于伤残等级评定范围；现有资料无依据证明患者存在营养不良。

由于原告施××坚持认为，该鉴定意见是依据有重大篡改嫌疑的病历作出的，剖腹探查过程中检查不规范，未能发现胆囊中一颗 2cm 以上的结石，存在重大过错，要求重新进行医疗损害鉴定，××法院遂经××医院同意再次委托××省医学会进行医疗损害鉴定。鉴定意见为：××医院对患者施××的诊治过程中存在医疗过错；该医疗过错与患者损害后果（二次手术）之间存在因果关系，××医院承担次要责任；参照《医疗事故分级标准（试行）》，本例损害后果为四级；患者施××是否存在营养不良及其营养不良的补助时间不在本办鉴定范围，而不予鉴定。

分析评论

1. ××市医学会认为，医方 2011 年 4 月 11 日至 5 月 4 日对患者的诊疗中，慢性胆囊炎急性发作，胆囊多发结石诊正确，有行胆囊切除适应证，术前有告知。医方在腹腔镜探查发现胆囊与周围组织粘连无法分离时，转开腹手术，符合常规。患者当时胆囊三角水肿、炎症、粘连，致解剖不清，手术难度大，作为一个县级医疗机构，医方当时作为胆囊大部分切除，并无过错。但医方未在术中、术后将这一情况和患者今后可能出现的情况及进一步的诊疗方案，详细告知患者（只作了术后常规告知），存在过错。

患者术后 9 个月，因腹痛再次住院，经剖腹探查，发现残余胆囊及结石（约 2.5cm），经手术予以去除，术后患者恢复良好。胆囊手术残留结石为此类手术难以完全避免的情况。医方术前已有告知，医方的行为并无过错。从麻醉记录来看，患者接受手术时麻醉状态良好，不存在麻醉"失效"的情况。患者 9 个月中行两次胆囊手术，手术本身不会造成人体营养不良情况，患者目前 159cm，体重 63kg，体脂肪健康指数（BMI）为 24.9（正常在 18~25），患者近四年来，体重相对稳定在 61kg 左右，现有资料无依据证明患者存在营养不良。

2. ××省医学会鉴定认为，××医院根据施××的病史、查体及相关检查，诊断"慢性胆囊炎急性发作伴胆囊结石"等正确，适应证明确，经保守治疗后于 2011 年 4 月

21 日拟行"胆囊切除术"（第一次手术）。××医院在腹腔镜下发现胆囊与周围组织粘连无法分离时，转开腹手术，符合规范，但在未完全探查清楚的情况下仅行胆囊部分切除术，术中改变手术方式未告知患方，人民医院未尽告知义务，存在过错。根据××市第一人民医院 2012 年 2 月 15 日出院记录及手术记录记载，患方第一次手术后 9 月余，因"上腹痛 5 天"入住××市第一人民医院，螺旋 CT 示残余胆囊伴结石可能，2012 年 2 月 6 日在全麻下行残余胆囊（壶腹部为主）切除取石术（第二次手术）。专家组分析认为患者施××第二次手术（损害后果）与第一次手术操作不规范存在因果关系。根据提供的鉴定材料，本例患者胆囊炎、胆结石病程长，手术时胆囊三角水肿、粘连严重，致解剖不清，手术难度大，故专家级综合认定医方对患者需进行二次手术应承担次要责任。根据麻醉记录记载，专家组未找到患方提出的"麻醉失效"的依据。医方病历资料存在部分书写不规范，存在过错，但该过错与患者损害后果之间不存在因果关系。

3. 2011 年 4 月 11 日，患者施××因慢性胆囊炎急性发作伴胆囊结石而至××医院住院治疗，被告××医院为其行胆囊切除术，双方间确立了医患关系。被告××医院针对原告施××诊断明确，为原告施行胆囊切除术并未违反相关的医疗规范，××医院在腹腔镜下发现胆囊与周围组织粘连无法分离时，转开腹手术，符合规范，但在未完全探查清楚的情况下仅行胆囊部分切除术，术中改变手术方式未告知患方，××医院未尽告知义务，存在过错，该医疗过错与原告施××于 2012 年 1 月 24 日至 2 月 15 日间在××市第一人民医院行残余胆囊切除取石术的损害后果之间存在因果关系。但原告施××自身所患胆囊炎、胆结石病程长，手术时胆囊三角水肿、粘连严重，致解剖不清，导致手术难度增大，系其在第一次手术时未能完全去除胆囊结石的主要原因。故根据被告××医院第一次手术过程中的医疗过错程度，应确定被告××医院对于原告施××第二次手术去除残余胆囊结石而产生的相关经济损失承担次要责任。

（刘瑞爽）

No. 19
漏诊感染性心内膜炎、错误实施手术致患者死亡一例

▌▌案情介绍

　　患者潘××，男，67 岁。2012 年 4 月 28 日，因"体检时 B 超发现胆囊结石伴黄疸，右上腹不适 1 周余"入××医院。现病史为：1 周前体检时 B 超提示胆囊结石（充满型），总胆红素 41.3μmol/L，直接胆红素 18.5μmol/L，间接胆红素 22.8μmol/L。近来感觉右上腹轻度不适，有黄疸症状，遂就诊，拟"胆囊结石"收住院。病程中无寒战发热，无咳嗽咳痰，无胸闷心慌，无呕心呕吐，无腹泻腹胀，饮食可，二便正常。入院时生命体征平稳，T：36.8℃，P：78/次，R：18 次/分，BP：140/80mmHg。入院诊断为：胆囊结石伴胆囊炎、胆总管结石，2 型糖尿病。同年 5 月 24 日，××医院在全麻下为潘××行"胆囊切除术＋胆总管切开取石＋T 管引流术"。术后因胆红素进行性升高、发热、反复出现心功能不全等，于同年 5 月 27 日下病危转 ICU 治疗，同年 6 月 2 日转回微创外科，同年 6 月 4 日转回 ICU，ICU 期间病情并无明显好转，同年 6 月 22 日心跳骤停，17：18 宣布临床死亡。医院认为死亡原因是：感染性心内膜炎、主动脉瓣赘生物形成关闭不全、心功能不全（心功能Ⅳ级）、肝功能不全。

▌▌争议焦点

患方认为：××医院在对潘××的诊疗过程中存在以下重大过错，直接导致了潘××死亡的严重后果，依法构成重大医疗侵权：

1. 患者并没有急迫的手术指征，在患者仍发热、黄疸已经好转的情况下，本可以保守治疗，但××医院却强行手术，违反诊疗常规；另外，感染未控制的情况下强行手术，此直接导致后续的感染休克。

2. 患者术后胆红素持续增高，提示手术并未能有效解决梗阻状况；相反，持续存在的胆道梗阻或不畅通，导致肝衰；辅以已经存在的术前未能得到很好治疗的胆道感染（或手术加重感染扩散或糖尿病未得到系统治疗之易感因素），此直接导致感染加重，同时由于未能对重症感染进行及时、有效的治疗，导致感染性休克、高凝状态、DIC、MSOF，直至死亡。此系患者死亡的直接原因，与过错诊疗行为存在最直接的因果关系。

3. 没有证据表明患者是死于感染性心内膜炎。感染客观存在，但感染性心内膜炎仅仅是××医院逃避责任的托辞。即使退一步假定死于感染性心内膜炎，也是因为××医院对不明原因的发热未按照诊疗常规及时诊断、治疗、盲目手术所致。

综上所述，××医院作为国有三级甲等医院，本应遵守诊疗常规，恪尽职守，以其等级相对应的高度注意义务、诊治水准治疗、关爱每一个痛苦的患者，但其却违反法定义务，漠视患者生命健康权，懈怠其诊疗行为存在重大过错并直接导致潘××死亡后果发生。潘××本期盼至美国探望女儿，其还未来得及看一眼在美国刚刚出生9天的外孙女，丢下了相濡以沫一辈子的爱人，撒手尘寰，留给了亲人无尽的痛苦和悲伤。

医方辩称：××医院诊疗过程符合诊疗规范，无任何过错，医疗行为与潘××的死亡不存在因果关系。

鉴定结论

本案在审理过程中，双方均要求对本案进行司法鉴定，法院依法委托××鉴定中心进行鉴定，委托内容为：（1）××医院对潘××的诊疗护理行为是否存在过错，如有过错，该过错行为与潘××的损害后果之间有无因果关系；（2）如有因果关系，则鉴定××医院的过错行为在潘××的损害后果中参与度的比例。

鉴定意见为：潘××系感染性心内膜炎、主动脉瓣赘生物形成伴关闭不全引起心功能不全（心功能Ⅳ级）致急性心力衰竭死亡。××医院对潘××的医疗行为存在过错，其过错与潘××死亡结果之间存在一定的因果关系，建议参与度为40%～50%。

分析评论

（一）关于死亡原因

从现有病史资料及结合患者临床表现分析，潘××的死亡原因符合感染性心内膜炎、主动脉瓣赘生物形成伴关闭不全引起心功能不全（心功能Ⅳ级）致急性心力衰竭。

（二）关于是否存在医疗过错

××医院对潘××的心脏疾病诊断不及时，在潘××发热原因未明了的情况下实施胆道手术增大了术后感染的风险，未对潘××进行血培养检查，采取的治疗措施未能有效缓解患者心功能不全的症状。

（三）关于医疗过错行为与患者死亡的因果关系

××医院的医疗不足，在一定程度上延误了对潘××心脏疾病的及时诊断与治疗，增加了患者死亡的风险，与潘××死亡结果之间存在一定的因果关系，是死因构成中的次要因素。潘××为老年患者，起病缓慢，临床表现为反复低热等非特异性症状，被"胆囊结石伴胆囊炎、胆总管结石"等病症掩盖，诊断存在一定困难，术后发生反复心脏衰竭表现并死亡是自身疾病发生、发展的结果。考虑到潘××自身疾病及身体条件等客观不利因素，建议医疗过失的参与度为40%～50%。

（刘瑞爽）

No. 20
不具备手术资质实施胆道手术致胆管下端结石残留一例

▌案情介绍

宁××，男，62 岁。2011 年 6 月 17 日，因反复剑突下及右上腹疼痛不适一周，伴恶心入住××医院进行治疗。入院查体情况为：三测正常，神清合作，全身皮肤及巩膜中度黄染，余检查未见明显异常。入院诊断结论为：（1）胆囊多发结石，胆囊炎；（2）胆管炎，胆总管下段结石；（3）胆源性胰腺炎。入院后完善相关检查。当日 12 时 33 分在连硬外麻下行胆囊切除，胆管探查＋T 管引流术。术中在征得家属同意后进行快速病检，因快速病检不支持癌，但胆管壁高度增生，暂行 T 管引流，抗炎治疗。手术顺利，术后予以抗炎、止血、补液、保持 T 管引流通畅等治疗。7 月 4 日出院，住院 17 天，出院诊断结论为：（1）胆囊多发结石，急性胆囊炎；（2）胆囊腺肌病；（3）急性胆管炎；（4）胆总管下段闭锁：胆总管腺肌症、胆管癌。患者出院后，由于身体一直不见好转，患者两次前往××医院门诊，均没有恢复。2011 年 7 月 14 日因胆道探查术后一月，原告突发腹痛、呕吐 4 小时后入××市第一人民医院住院治疗。入院诊断：（1）急性胆管炎；（2）肝总管下段结石并梗阻；（3）胆道探查术后。当时患者方即认为××医院的治疗存在医疗事故的可能。入院后完善相关检查，予以抗炎、护肝、利胆、补液等对症治疗后病情好转。7 月 23 日出院，

住院 10 天，出院诊断同入院诊断。7 月 27 日、9 月 5 日宁
××又先后两次因急性胆管炎、肝总管下段结石并梗阻、
胆道探查术后入××市第一人民医院行抗炎、护肝、利胆
治疗。原告出院后，根据××市第一人民医院的建议，前
往××大学医院治疗。2011 年 9 月 19 日××医院垫付××
大学医院的手术费 20000 元，2011 年 9 月 27 日××大学医
院对宁××行电子胆道镜取石、碎石术。

争议焦点

患方认为：××医院对宁××的诊疗行为存在过错。
胆囊被切除的后果是××医院的医疗行为造成，××医院
应承担患者的全部损失。

医方辩称：诊疗行为完全符合医疗规范，患者胆囊被
切除是自身原发疾病所导致。

鉴定结论

1. 2011 年 12 月 5 日，医患双方共同委托××市医学会
对宁××与××医院医疗事故争议是否构成医疗事故进行
技术鉴定。2011 年 12 月 21 日，××市医学会作出×医鉴
（2011）044 号《医疗事故鉴定书》：本病例属于四级医疗
事故，医方负完全责任。

2. 宁××不服该鉴定，申请再次医疗事故技术鉴定。
2012 年 5 月 15 日，××省医学会作出×医鉴（2012）13
号《医疗事故鉴定书》四级医疗事故，医方负完全责任。

3. 患方于 2012 年 6 月向××市××司法鉴定所提出申
请，要求对宁××的伤残程度及相关医疗事项进行法医学
鉴定，鉴定意见：被鉴定人胆囊切除术后，已构成九级伤
残。附：医疗终结时间 6 个月左右。

分析评论

（一）首次医疗事故技术鉴定的分析意见

1. 患者梗阻性黄疸型胆道探查术，适应证具备。

2. 胆道探查术属普通外科三类手术，医方为一级医院，无开展此类手术的资格。由于医方设备技术条件的局限（无胆道镜），术中不能对下段及嵌顿结石做进一步处理，以至于胆管下段结石残留。患者胆管下段结石残留与医方的医疗行为有因果关系。

3. 胆道手术胆管下段结石残留是手术后常见并发症。患者胆管下段残留结石经外院胆道镜顺利取出，无其他不良后果。

（二）再次医疗事故技术鉴定的分析意见

1. 根据患者的病史、临床表现及相关检查资料，其胆囊多发结石、胆囊炎，胆管结石、胆管炎及梗阻性黄疸的诊断成立，有行胆囊切除、胆管探查术的适应证。

2. 医方的过错：根据《××省各级综合医院手术分类及批准权限规范》，胆道探查手术属于三类手术，本案医方为一级医院，不具备施行此类手术的资格，患者胆管下段结石残留与医方技术水平局限有因果关系，延长了患者的治疗时间，增加其痛苦。

3. 目前患者胆管下段残留结石已经由××大学医院胆道镜手术顺利取出，不存在功能障碍。本医疗事件构成四级医疗事故，医方负完全责任。

（三）司法鉴定的分析意见

1. 根据检查所见和病历及影像资料等综合分析：被鉴定人已行胆囊切除术的诊断可以认定。根据被鉴定人委托要求及所提供的资料，本次鉴定只针对胆囊切除不针对胆囊切除原因进行法医学鉴定。

2. 被鉴定人行胆囊切除后，仍上腹部疼痛，经多次到××市第一人民医院住院治疗，经 T 管造影示胆总管下段结石伴胆总管不全梗阻，后到××大学医院经胆道镜瘘管取出结石，致使医疗终结时间延长。

3. 该胆囊切除后已构成九级伤残。

（四）法律责任分析

依据《中华人民共和国侵权责任法》第 54 条规定：患者在诊疗活动中受到损害，医疗机构及其医务人员有过错的，由医疗机构承担赔偿责任。结合本案案情，××医院对患者宁××的诊疗行为，根据××省医学会作出的《医疗事故鉴定书》结论，××医院的过错为：胆道探查手术属于三类手术，本案医方为一级医院，不具备施行此类手术的资格，患者胆管下段结石残留与医方技术水平局限有因果关系，延长了患者的治疗时间，增加其痛苦；本医疗事件构成四级医疗事故，医方负完全责任。因此，××医院应对其过错造成原告的损失承担赔偿责任。

（刘瑞爽）

No. 21
漏诊布 – 加综合征致脾脏被错误切除一例

▌▌ 案情介绍

　　患者徐××，男，63 岁。2011 年 1 月 31 日，患者因"解黑便 6 小时"入住××医院治疗。既往有肝硬化、腹水病史 20 余年，慢性支气管炎病史 30 年。入院诊断：上消化道出血；肝硬化失代偿期；慢性支气管炎。入院后予禁食、补液、抑酸、止血、抗感染等治疗。同年 2 月 6 日，患者要求出院，予出院。同年 5 月 17 日患者因"黑便 1 天，呕血 2 小时"第 2 次入住××医院治疗。入院诊断：上消化道出血；胃底静脉曲张；肝硬化失代偿期；慢性支气管炎。入院后予抗炎、抑酸、止血、保肝等治疗。同年 5 月 25 日患者要求出院，予出院。同年 12 月 31 日患者因"黑便 4 小时"第 3 次入住××医院治疗。初步诊断：上消化道出血；胃底静脉曲张；肝硬化失代偿期；慢性支气管炎。入院后予禁食、吸氧、抑酸、止血、补液等对症处理。2012 年 1 月 3 日 B 超检查示：肝区光点增粗；胆囊炎；胆囊结石；脾大。1 月 7 日患者行胃镜检查，内镜诊断：食道静脉曲张。当日修正诊断：食道静脉曲折伴出血；胃底静脉曲张；肝硬化失代偿期；慢性支气管炎；胆囊炎；胆囊结石。同年 1 月 13 日××医院对患者行脾切除＋贲门周围血管离断＋胆囊切除术。术后予抗感染、补液等治疗。2 月 5 日患者出院。同年 2 月 18 日患者因"右下肢肿胀 1 周伴轻度疼痛"第4次入住××医院。入院诊断：右下肢静脉血栓形成；脾切除术后。急诊行经皮右下肢静脉＋腔静脉造影提示：下腔静脉＋右下肢深静脉栓塞，无置入滤器可能，遂拔管加压包扎。后因患者要求转院，予转院。患者于当日转入××医学院附属医院治疗，初步诊断：右下肢深静脉血栓；下腔静脉栓塞；肝硬化；脾、胆囊切除术后。2月23日修正诊断：布－加综合征；右下肢深静脉血栓；下腔静脉栓塞；肝硬化；脾、胆囊切除术后。术后予溶栓、抗凝、活血化瘀等治疗。3月3日、3月9日分别行下腔静脉球囊扩张术，于3月12日出院。

▌▌争议焦点

患方认为，2011年12月31日至2012年2月18日，患者因解黑便、呕血等病因，先后4次入住××医院住院治疗，因××医院存在明显医疗过错，没有诊断出布－加综合征，错误地实施脾脏胆囊切除手术，给患者造成永久性伤害。医疗行为存在过错，与患者目前的损害后果有因果关系，其原因为直接因素。患者的伤残等级构成六级。现患者起诉要求××医院赔偿各项损失。

××医院辩称：

1. 患者肝硬化及门脉高压症诊断明确，既往有肝硬化、腹水病史20余年，有反复的消化道出血病史，从病情发展及检查结果来看，完全符合肝硬化症状，没有诊断出布－加综合征不是误诊。患者在××医院几次住院，我院无能力进行超前诊断和治疗。

2. 医方的治疗是正确的。医方的手术措施得当，通过手术达到了止血、解除脾亢、降低门脉压力、挽救患者生命的目的。事实上患者术后未再次出血，白细胞、血小板上升说明医方的手术方案合理有效。

鉴定结论

（一）××市医学会鉴定情况

2012 年 7 月 31 日，××市医学会出具××医鉴（损害）（2012）046 号医疗损害鉴定书。鉴定意见：医方的过错医疗行为导致患者下肢及下腔静脉血栓形成，经治疗后虽已恢复良好，但对患者造成一定性的损害，在损害后果中为同等因素。

（二）××省医学会鉴定情况

经××法院委托，××省医学会于 2013 年 6 月 4 日作出××医损鉴（2013）006 号医疗损害鉴定书。鉴定意见：参照《医疗事故分级标准（试行）》，患者的伤残等级为六级，医方医疗行为中存在的过错与患者目前的损害后果有因果关系，其原因为直接因素。

分析评论

（一）××市医学会鉴定分析意见

1. 布-加综合征临床较少，由于受知识、临床经验的限制，医方作为二级医院能及时、准确作出诊断有一定的困难，以致发生漏诊；

2. 患者存在先天性下腔静脉隔膜型布-加综合征多年，导致早期肝、脾肿大，后期肝脏萎缩、硬化。患者门脉高压症的形成与布-加综合征（肝后型门脉高压症）及疾病晚期的肝硬化（肝内型门脉高压症）有关；

3. 当患者出现因门脉高压致食管静脉曲张破裂出血时，医方施行脾切除、贲门周围血管离断术并无不妥；

4. 患者行 B 超检查示胆囊多发结石、专家组询问患者时，患者表示常有右上腹痛，故胆囊切除的适应证明确；

5. 脾切除术后异常增高的血小板和因下腔静脉隔膜所致的血液回流缓慢是形成下肢和腔静脉血栓的原因。医方在术后未能及时、有效地进行抗凝治疗负有一定责任。

患方对该鉴定意见不服，要求重新鉴定。

（二）××省医学会鉴定情况

经××法院委托，××省医学会于 2013 年 6 月 4 日作出××医损鉴（2013）006 号医疗损害鉴定书，对本案病例进行分析说明：医方诊疗过程中存在以下过错：

1. 患者无黄疸，无低蛋白血症，无腹水，无凝血功能障碍，无肝性脑病，故医方诊断肝硬化失代偿期依据不足。

2. 忽略患者有酒精性肝硬化、腹水 20 余年的重要病史，对上消化道出血未能寻找出根本原因鉴别诊断上拓展思路不够，除了门静脉高压、消化道溃疡外，未能找出还有哪些疾病可能；医方 B 超检查报告未描述肝静脉和下腔静脉通畅情况、血流方向和特征，致未能发现肝静脉或其开口以上的下腔静脉阻塞；术中探查见"门静脉、胃冠状静脉扭曲成团"未引起重视；4 次住院期间既无疑难病例讨论，又未请院外会诊。以上过错致患者住院 4 次医方仍未能正确诊断布-加综合征，存在误诊。

3. 因医方未能及时正确诊断患者为布-加综合征，致未能行正确的治疗方案，而错误施行脾切除＋贲门血管离断术，此手术对布-加综合征治疗无有效帮助，且脾切除术后患者血小板异常增高，医方未能有效做抗凝治疗措施，存在过错。

4. 虽术后病理证实胆囊内确有结石，但医方行脾切除＋贲门血管离断术系一类无菌手术，胆囊切除术为二类无菌手术，同时手术。加之患者年龄较大，肝硬化 20 余年，多次上消化道出血病情，术式欠妥。

5. 医方病历资料存在不一致的情形。如医患两方提供的第3次住院的出院记录不一致；手术同意书与手术记录中的手术名称描述不一致。布－加综合征临床较少见，诊断确有一定难度，医方虽未能正确诊断，但当患者出现下肢及下腔静脉血栓症状时，及时将患者转上级医院诊治，经外院明确诊断、及时治疗，目前患者恢复尚可。因医方误诊，未能及时正确诊断患者为布－加综合征，致未能行正确的治疗方案，而错误施行脾切除手术，致患者脾脏缺失。故患者脾脏缺失与医方上述医疗过错行为有因果关系，其原因力为直接因素。

（三）法律责任分析

公民的人身权利受法律保护。公民的人身权利受到侵害的，应当获得赔偿。本案病例经省、市两级医学会鉴定，省医学鉴定结论对本病例的分析、认定更为客观，且鉴定程序合法，故应予以采用。

《中华人民共和国侵权责任法》第57条规定：医务人员在诊疗活动中未尽到与当时的医疗水平相应的诊疗义务，造成患者损害的，医疗机构应当承担赔偿责任。本案中，××省医学会的鉴定意见认为××医院医疗行为中存在的过错与患者徐××目前的损害后果有因果关系，其原因力为直接因素；在该鉴定意见的分析说明中，因被告××医院未能及时正确诊断原告为布－加综合征，致未能行正确的治疗方案，而错误施行脾切除＋贲门血管离断术，此手术对布－加综合征无有效帮助。且脾切除术后原告血小板异常增高，导致原告血栓形成，故原告入住××医学院附属医院所发生的费用，除治疗布－加综合征的费用系用于原告原发疾病的费用，其他费用均属被告××医院过错导致发生的费用。故原告主张这些费用由被告承担合情合理，应当予以支持。××省医学会认为"布－加综合征临床较少见，诊断确有一定难度"。因此，××医院对徐××的医疗行为存在过错，且该过错与徐××的损害后果之间有因果关系，其原因力为直接因素，故××医院应对徐××的损失进行赔偿。但客观上徐××所患疾病（布－加综合征）临床较少见，××省医学会也认为该疾病的诊断有一定难度，故应据此减轻××医院一定比例的赔偿责任。

（刘瑞爽）

No. 22

送鉴病历记录不完整导致被认定医疗过错一例

▌ 案情介绍

朱××，女，46 岁。2010 年 12 月 4 日，主因腹胀 2 个月伴腹痛到 ×× 医院门诊就诊。其后间断在门诊复诊。2011 年 2 月 23 日，腹部 CT 检查显示，朱××患胰头部恶性肿瘤。2011 年 3 月 7 日开始，朱××多次在 ×× 医院住院治疗，时间分别为：2011 年 3 月 7 日至 3 月 30 日，住院时间 23 天；2011 年 3 月 30 日至 5 月 4 日，住院时间 34 天；2011 年 5 月 4 日至 5 月 27 日，住院时间 23 天；2011 年 6 月 9 日至 7 月 1 日，住院时间 22 天；2011 年 7 月 18 日至 8 月 1 日，住院时间 14 天；2011 年 8 月 2 日至 8 月 11 日，住院时间 9 天；2011 年 8 月 11 日至 9 月 1 日，住院时间 21 天；2011 年 10 月 3 日至 10 月 13 日，住院时间 10 天。2011 年 9 月 1 日至 10 月 3 日，朱××亦曾在济南 ×× 医院住院治疗，住院时间 32 天。2011 年 10 月 13 日，朱××死亡。

▌ 争议焦点

患方认为：朱×× 在 ×× 医院治疗期间，×× 医院诊断错误，延误治疗，错过最佳治疗时机，×× 医院未行尸体解剖的责任，其未按规定要求告知和配合尸检，致使鉴定无法评价具体的死亡原因。×× 医院存在隐匿病历的情形，应推定具有过错。综上，×× 医院对其过错行为给患者造成的损失应承担全部赔偿责任。

　　××医院辩称：我院在对患者朱××的诊疗过程中，符合诊疗规范，不存在医疗过错，患者的死亡是患者自身疾病转归的结果，我院不应承担法律责任。

鉴定结论

　　根据当事人的申请，××法院委托北京××司法科学证据鉴定中心进行鉴定。该中心出具了《法医学鉴定意见书》，鉴定意见：××医院对朱××的门诊诊疗过程中存在医疗过错，与朱××病情进展、死亡结果具有一定因果关系，法医学参与度拟评定为 $C \sim D_1$ 级，请法庭综合裁量。

分析评论

　　（一）鉴定分析意见

　　1. 送鉴病历资料不完整导致本次鉴定无法对住院部分的诊疗行为进行评价

　　本次鉴定法院送检××医院住院病历为客观内容部分，北京××司法科学证据鉴定中心在审查材料后发函告知要求补充完整（包括主观和客观内容）病历材料，医患意见陈述会上也再次向医方告知要求补充完整病历材料，但未收到补充材料，法院于 2012 年 9 月 25 日来函明确依据送鉴的材料进行鉴定。由于住院期间病历材料不完整，本次鉴定无法对住院期间医院的诊疗行为进行评价。

　　2. 对门诊诊疗行为的评价

　　本次鉴定依据法院送检门诊病历、门诊期间进行影像学检查报告和第一次住院现病史记载门诊诊疗情况，对患者在门诊期间医院的诊疗行为进行评价。

　　（1）审查××医院门诊病历，患者于 2010 年 12 月 4

日首次就诊，之后于 2010 年 12 月 25 日、2011 年 1 月 13 日、2011 年 2 月 6 日、2011 年 2 月 14 日、2011 年 2 月 21 日、2011 年 2 月 25 日、2011 年 3 月 7 日在门诊复诊。按照《病历书写基本规范》要求，门诊初诊病历记录内容应包括主诉、现病史、既往史、阳性体征、必要的阴性体征和辅助检查结果，诊断及治疗意见和医师签名。复诊病历记录内容应包括主诉、病史、必要的体格检查和辅助检查结果，诊断、治疗处理意见和医师签名。病历是医疗活动的记录，体现患者就诊时病情状况和医师的诊疗思维，也是鉴定评价医疗行为的重要依据。审查门诊病历记录，2010 年 12 月 25 日复诊未见临床诊断意见，该日医师开具 C13 呼气试验检查和 B 超检查，后续的病历中未见检查结果的记载，2011 年 2 月 6 日复诊未见临床诊断意见，2011 年 2 月 14 日复诊未见患者主诉、体检的记载，2011 年 2 月 21 日复诊未见临床诊断意见。因此，医院在门诊病历书写方面存在欠规范之处。

（2）在临床医学方面，疾病的诊断是患者症状、体征、辅助检查结果的综合判断。临床诊疗思维首先考虑常见病、多发病，首先完善常规、无创检查，通过患者病情观察、辅助检查结果进行进一步临床分析和鉴别诊断。依据门诊病历记录，患者 2010 年 12 月 4 日首诊时主诉腹胀伴腹痛，查体未见阳性体征，故医院首先考虑胃部病变，完善胃肠钡餐检查，符合临床诊疗思维。依据后续门诊病历记录结合 2011 年 3 月 7 日第 1 次住院现病史记载。患者 2010 年 12 月至 2011 年 2 月门诊就诊期间，主要症状为腹痛、腹胀，有时反酸、嗳气，临床查体主要是上腹及右上腹压痛阳性，既往有乙肝病史，结合曾在外院行钡餐检查示胃窦炎，故医院在后续检查方面主要针对胃、肝情况，逐步完善 C13

呼气试验、B超、肝功、胃镜等检查，以及给予抑酸、改善胃功能药物对症治疗，符合临床诊疗思维。但因本案为门诊诊疗情况，在患者连续门诊多次复诊过程中，接诊医师应追踪检查结果以及时发现异常、明确诊断，或进一步检查鉴别诊断。

（3）门诊病历记载反映医院于2010年12月25日、2011年1月13日均要求患者行B超检查。现有送检的2011年1月13日腹部B超报告记载患者姓名"刘××"、性别"女"、年龄"46岁"、超声号"B1101 – 30154"，医患意见陈述会上医方提出上述超声报告不能作为鉴定材料。腹部超声是目前检查肝、胆、胰等腹部脏器常规、普遍的检查方法。患者病情具有进行腹部B超检查的适应证，门诊病历反映医院两次要求患者进行B超检查，病历中未见患者拒绝检查记载也未见检查结果回报的记录。从病历材料记载，接诊医师对于患者的检查未能予以追踪，或进一步完善相关腹部影像学检查，故医院在患者复诊中，对具有诊断和鉴别诊断的临床辅助检查结果追踪或完善方面存在医疗过失，不能排除未能及时发现患者胰腺病变的可能性。

3. 关于尸检及死亡原因

患者死亡后未能实施尸体检验。依据现有病历材料，患者符合胰腺癌致死亡的临床特点。胰腺癌病变恶性程度高，病情发展快，病程短，预后差。

4. 关于是否存在医疗过错

依据现有鉴定材料，患者朱××患胰腺癌，在××医院2010年12月至2011年2月门诊就诊期间，未出现提示胰腺癌的典型临床症状，对临床诊断方向具有影响。医院首先考虑常见病、多发病诊断、建议完善检查和对症治疗符合临床诊疗思维。但现有医患双方确认的鉴定材料中缺乏超声检查结果的记录，也未见患者拒绝检查的医学记载，故医院在辅助检查结果追踪和完善检查方面存在医疗过错。

5. 关于医疗过错是否与患者死亡存在因果关系

不能排除未能及时发现患者胰腺病变的可能性、与患者病情进展、死亡结果具有一定因果关系。在参与度评定方面，本次鉴定认为属于法医学专业审的一种学理性探讨内容，其评定的等级把握存在一定的主观分析因素，在不同鉴定机构和各方诉讼参与人之间也具有不同观点，因此，鉴定人对于参与度的评定仅为供审判参考的学术性意见，而非确定审判赔偿程度的法定依据。就本案而言，参与度的评定需要考虑的因素有：（1）胰腺癌恶性程度高，病情发展快，病程短，预后差；（2）患者 2010 年 12 月至 2011 年 2 月门诊就诊期间临床症状缺乏特异性，以及肿瘤标记物检查阴性对临床诊断方向的影响；（3）医院存在的医疗过错；（4）医院级别和对应的医疗水准；（5）未行尸检的影响。因此，本次鉴定对医疗过错参与度拟评定为 $C \sim D_1$ 级别。但是否妥当请法庭质证，并由法庭结合审理的情况综合确定民事赔偿等级和程度。

（二）质证意见

××医院对该鉴定意见提出异议，申请鉴定人给予书面答复。2013 年 1 月 4 日，该中心书面给予答复，载明：

1. 关于门诊病历书写问题。病历记录既是诊疗活动的医学记录，也是鉴定判断的重要依据。2010 年 3 月卫生部已颁布施行《病历书写基本规范》，医师应按照卫生部规范要求书写病历。

2. 关于 B 超检查问题。鉴定意见书分析说明第 3 点已经阐述医患意见陈述会上医院不同意将法院送检材料上的一份 B 超报告（姓名"刘××"、性别"女"、年龄"46

岁"、超声号"B1101130154")作为鉴定材料，本次鉴定
也是基于未将该报告作为鉴定依据材料的前提下，指出患
者具有实施 B 超检查的医学指征，医院也开具检查医嘱，
应在后续多次接诊过程中追踪检查结果。鉴于 B 超检查对
患者病情诊断的重要意义，若患者存在不遵医嘱、拒绝检
查情形，医院应在病历中明确记录。审查病历材料，未见
患者拒绝检查记载，故本次鉴定认为医院在辅助检查结果
追踪和完善检查方面存在医疗过错，不能排除未能及时发
现患者胰腺病变的可能性。

3. 关于胰腺癌的病情和预后问题。鉴定意见书对胰腺
癌病情恶性度高、病情发展快、病程短、预后差，以及患
者 2010 年 12 月至 2011 年 2 月门诊就诊期间临床症状缺乏
特异性等特点进行了阐述，即本次鉴定在评价医疗过错与
患者死亡的因果关系和参与度方面，已充分考虑了胰腺癌
的病情特点。

（三）法律责任分析

本案审理的焦点为：××医院在对患者朱××的医疗
过程中的医疗行为是否存在过错及与患者死亡之间是否存
在因果关系及由此××医院所应承担的责任比例。朱××
在××医院门诊治疗期间，××医院诊断错误，延误治疗，
错过最佳治疗时机。对此，专业性的鉴定机构对此予以了
鉴定分析，即虽然××医院要求患者进行 B 超检查，"但现
有医患双方确认的鉴定材料中缺乏超声检查结果的记录，
也未见患者拒绝检查的医学记载，故医院在辅助检查结果
追踪和完善检查方面存在医疗过错，不能排除未能及时发
现患者胰腺病变的可能性、与患者病情进展、死亡结果具
有一定因果关系"，并由此得出了相应的鉴定结论，"××
医院对朱××的门诊诊疗过程中存在医疗过错，与朱××

病情进展、死亡结果具有一定因果关系"，由于该鉴定结论系具有鉴定资格的鉴定机构依法定程序进行鉴定而得出的，鉴定结论依法应予采信。参照该鉴定结论，××医院在对患者朱××的医疗过程中的医疗行为存在过错及与患者死亡之间存在一定因果关系。在参与度评定方面，鉴定机构认为"属于法医学专业审的一种学理性探讨内容"、"评定的等级把握存在一定的主观分析因素"，因此其结论"仅为供审判参考的学术性意见，而非确定审判赔偿程度的法定依据"，结合鉴定机构的意见，考虑患者死亡主要系因其自身疾病所致，应酌情确定××医院对其过错行为给患者造成的损失承担次要的赔偿责任。关于尸检，患方认可朱××的死亡原因，且××医院已履行了相应的尸检告知义务，其以未尸检为由主张无法评价具体的死亡原因，理由不能成立。

（刘瑞爽）

No. 23
手术损伤胆管致梗黄后被误诊为胆管癌一例

▌案情介绍

　　患者，冯××，女，1956 年 4 月 15 日生。于 2012 年 3 月 6 日至 18 日因"反复、间断性上腹、背部钝胀痛 10 年，频发 1 年"入住某甲医院治疗，B 超检查提示胆囊炎伴胆囊结石。诊断：慢性结石性胆囊炎。入院后完善相关辅助检查，于 2012 年 3 月 8 日在连硬外麻醉下行胆囊切除术（据手术记录：摘除胆囊后检查术野无渗血但有胆漏。再次探查，发现一直径约 4mm 的右副肝管被横断，有胆汁流出，远端未找到，解剖胆囊证实汇入胆囊管。因残端较短，无法行吻合。考虑副肝管较粗，故未行结扎，将一直径约 3.5mm 的中空软管置入副肝管内，外套腹腔引流管，一并引出并固定于右侧肋缘下，于此处打在置入一腹腔引流管自右侧肋缘下引出并固定）。术后给予抗感染，营养神经等对症治疗，术后原告出现黄染，行胆道水成像检查示：肝门部胆管未显影。经会诊后考虑存在胆道梗阻，于 2012 年 3 月 18 日转入上级医院某乙医院进一步诊治，入院诊断：梗阻性黄疸、胆囊切除术后。入院后完善相关化验及检查，诊断为：梗阻性黄疸（肝门部胆管癌）、胆囊切除术后、胸腔积液、腹腔积液合并感染。于 3 月 21 日在全麻下行剖腹探查术，肝总管断端吻合术。术后予抗感染等治疗，但血象仍提示存在感染，4 月 19 日自动要求出院。出院诊断："主要诊断：梗阻性黄疸；其他诊断：胆管癌、胆囊切除术后状态、胸腔积液、腹水、腹腔感染。"同日，在某甲医院门诊诊断为"胆管吻合术后"入院治疗。入院后积极完善相关化验检查，给予抗感染、纠正贫血、补充水、电解质、蛋白等营养支持对症治疗，因出现神志欠清，精神差，饮食差。5 月 3 日，因考虑该院现有医疗设施及医疗水平对后续一系列治疗有困难，故建议出院转入上级医院进一步治疗，出院诊断：（1）胆管吻合术后；（2）营养不良性贫血；（3）感染性腹膜炎。于 2012 年 5 月 5 日以"胆道吻合术后 40 天余，意识模糊 5 天、腹胀 3 天"作为急诊入住某丙医院。诊断：梗阻性黄疸原因待查、胆管损伤，胆囊切除术后。2012 年 5 月 23 日经肝胆外科会诊，考虑"胆漏、腹腔积液、感染，肝门部胆管狭窄，胆管对端吻合术后，胆囊切除术后"，积极术前准备，于 2012 年 6 月 1 日在全麻下行剖腹探查术"粘连松解，肝门部胆管切开成形，胆肠吻合术；腹腔冲洗、引流"，术后给予抗感染，清创换药，对症，营养支持等治疗后，患者恢复好，于 2012 年 6 月 20 日出院。出院时未诉不适，一般情况好，切口对合好 T 管畅通。出院诊断：肝门部胆管狭窄，胆漏、腹腔积液伴感染外引流术后，胆囊切除、胆管对端吻合术后。

争议焦点

患方认为，某甲、某乙的医疗过错导致了患者的损害结果。2012 年 3 月 8 日，患者在某甲医院行胆囊切除术后因某甲的医疗过错行为导致胆管损伤，出现渐进性黄疸，于当月 18 日转入某乙医院，3 月 21 日该院对患者实施剖腹探查、肝总管端端吻合术。因某乙医疗过错导致手术失败，术后感染难以控制，病情进一步加重，全身黄疸不退，CT 检查考虑胆总管吻合口狭窄，该院于 4 月 10 日对患者置入鼻胆管，将瘀积胆汁引出。4月19日患者从某乙出院，复入住某甲医院。经两家医院手术治疗，患者病情每况愈下，故于2012年5月4日入住某丙医院治疗，该院对患者实施胆肠吻合术后，患者才得以捡回一条命。

某甲医院辩称：（1）我院对患者的诊疗过程完全符合国家卫生法律法规及诊疗护理规范、常规，治疗行为不存在过错。手术过程中患者肝管被损伤，属意外情况，这种情况手术前已告知患者及其家属，手术同意书上有患者家属同意手术的签字。（2）患者在我院首次手术后出现梗阻性黄疸，是患者自身原因造成的，患者肝管细、左右肝管以上部分胆管有狭窄存在是发生梗阻性黄疸的主因。（3）患者在上级医院（某乙医院）术后又转至我院继续治疗。治疗期间，患者的近亲属殴打医务人员使治疗无法正常进行。同时由于患者擅自拔出鼻胆管10厘米，造成胆漏，扩大了感染，这是由于患者不配合治疗造成的，患者应负主要责任，患者近亲属也应承担法律责任。综上，某甲的诊疗行为不存在过错，患者术后出现黄疸是自身体质造成，黄疸加重是其不配合常规医疗导致的。

某乙医院辩称，我院对患者行剖腹探查术中见胆管异常，偏离正常位置。但因患者当时全身情况差，肝门胆管及腹腔脏器黄染、充血、水肿严重等局部情况极差，呈高胆红素血症，无法行长时间大手术，遂决定先行通畅胆道，解决黄疸引流等急诊问题，争取病情好转和获得以后可能的手术机会，所以进行了肝总管端端吻合术。术后患者恢复良好，黄疸减退明显，感染有效控制。2012年4月10日行腹腔穿刺术抽出暗黄色胆性腹水，之后行先造影检查ERCP提示：胆道连续性完整，无吻合口胆瘘，部分狭窄，未见其他严重问题，遂放置鼻胆管引流，并行继续治疗后病情明显好转。将"胆管吻合"口也存在"漏"和"狭窄"的可能，也给家属做了说明并取得理解。且做了引流预防措施，对于可能的"狭窄"做了行"放置鼻胆管引流"的预案，直到出院"胆漏"未发生。每个环节均向家属详细交代病情、手术风险和术中术后可能出现的相关并发症及不可预见性的问题等，家属表示理解同意手术并签字，医疗行为不存在任何过错。正是我院正确、有效的治疗才缓解了患者的紧急病症，为患者进一步治疗争取了身体条件。后患者在未达出院标准即强烈要求出院，最终造成不良后果应自行承担。其中，我院虽曾对其疑似"胆管癌"，但并未确诊，也未对此施治。且患者早已存在狭窄病变，只是无明显症状，胆囊切除手术创伤致水肿加重后，出现黄疸。至于"胆管吻合"处可能发生的狭窄，是世界性问题，这是后期处理问题，与病况无关。

鉴定结论

诉讼期间，法院依原告（患者）及被告（某甲、某乙医院）申请，委托××司法鉴定中心就二被告治疗行为是否存在过错，原告术后黄疸、感染等与治疗行为间是否存在因果关系及参与度进行鉴定，做出鉴定意见认为：（1）某甲医院、某乙院对原告的诊疗存在过错。（2）上述二医院的诊疗过错与原告的损害后果（梗阻性黄疸、腹腔感染等）之间存在间接因果关系。（3）某甲医院的诊疗过错在原告损害后果中的参与度约为50%，某乙院的诊疗过错在原告损害后果中的参与度约为25%。参照《劳动能力鉴定职工工伤与职业病致残等级》g）七级52），构成七级伤残。

分析评论

（一）关于是否存在医疗过错

1. 某甲医院给原告行胆囊切除手术中损伤胆管，并肝外胆管狭窄，致原告术后梗阻性黄疸、感染，构成医疗过错。

2. 某乙医院对原告"胆管癌"诊断缺乏依据，行"剖腹探查术、肝总管断端吻合术"治疗后未解决患者"胆漏"、"胆管狭窄"的问题，致梗阻性黄疸、腹腔感染等继续存在，构成医疗过错。

（二）医疗过错与患者损害结果是否存在因果关系

二医院医疗行为均存在过错，与患者损害后果间存在间接因果关系，某甲医院损害参与度约为 50%，某乙医院损害参与度约为 25%。

（刘瑞爽）

No. 24
肝硬化患者癌变漏诊一例

案情介绍

患者徐××，女，55岁。因"右上腹持续性隐痛阵发性加剧3月"于2012年2月13日入住××医院。既往有乙肝病史，1996年行脾切术＋静脉断流术，2002年接受胆囊切除术。入院诊断：乙肝后肝硬化、门静脉高压、食管胃底静脉曲张、肝功能失代偿期、脾切术后、门奇静脉断流术后。2月15日MRI报告诊断：（1）肝硬化，脾脏切除；（2）胆囊切除术后；（3）肝内多发小囊肿……于2月17日出院。2013年4月9日，因"反复右上腹胀6月余"入住××医院。入院诊断：（1）乙肝后肝硬化、门静脉高压、食管胃底静脉曲张、肝功能失代偿期、脾切术后、门奇静脉断流术后；（2）高血压病2级，极高危组。4月12日上腹部CT增强诊断：（1）肝硬化、脾脏切除术后；（2）肝脏多发囊肿；（3）胆囊切除术后……4月18日出院。2013年8月19日，患者至A医院就诊。进行上腹部MRI平扫＋增强检查，诊断：肝脏左叶外侧段占位，HCC需考虑，建议相关实验指标及PET－CT进一步检查；肝硬化，多发肝囊肿；肝右叶信号不均匀，考虑多发再生结节可能性大；胆囊及脾脏结构不明确，请结合临床有无手术史……2013年9月4日，患者至××医院放射介入科门诊。门诊记录：外院MRI发现肝左叶结节，对比2012年2月15日上腹部MRI及2013

年 4 月 12 日上腹 CT 片示结节逐步增大，有环形强化，考虑肝癌可能大。2013 年 9 月 10 日入住 ×× 大学附属 ×× 医院治疗。入院诊断：肝恶性肿瘤，脾切除，胆囊切除术后。9 月 11 日 MRI 诊断：肝左外叶 HCC（透明细胞型或脂肪变性）；肝左叶膈顶部数枚异常强化灶，MT 不除外；肝及右肾囊肿。9 月 13 日行复杂粘连松解、肝左外叶切除术。手术见"肿瘤位于左外叶，直径约 3.5cm，界清，包膜完整，旁边有多个结节"。病理诊断：（肝左叶）肝细胞肝癌，Ⅱ级。部分为透明细胞型，肝切缘未见癌累及。9 月 17 日出院。

争议焦点

患方认为，×× 医院存在漏诊的医疗过错行为。2005 年，患者经 ×× 医院检查确认患有肝硬化，之后一直在 ×× 医院进行检查、医治，几乎每个月都要做 CT、彩超、全血等检查。×× 医院 2012 年 2 月 15 日为患者所做的上腹部 MRI 检查、2013 年 4 月 12 日所做的上腹部 CT 检查均明显显示肝部有癌变，但存在漏诊。患者因感到肝区不适且每况愈下，故于 2013 年 8 月 19 日至 A 医院就诊，经核磁共振检查，诊断肝脏左叶外侧段有 3.3cm×3.6cm 的肿瘤，需要进一步检查。于 2013 年 9 月 10 日至 ×× 大学附属 ×× 医院就诊，经对比 ×× 医院、A 医院的摄片，认为有恶性肝癌可能，建议患者尽快去特需专家门诊予以确诊，并进行手术。专家查看 ×× 医院、A 医院摄片后表示 2012 年 2 月 15 日的摄片显示左叶肝脏结节已达到 2.5cm，2013 年 4 月 12 日摄片显示进一步增大，有环形强化，考虑肝癌可能大。患者于 2013 年 9 月 13 日在 ×× 大学附属 ×× 医院进行了肝癌切除术，9 月 18 日病理报告确认为左叶肝细胞肝癌Ⅱ级。

　　××医院认为，医疗行为无过错，患者目前状况系自身疾病发展所致，并非医疗行为造成。该患者疾病有发展过程，至××医院处检查时还不能认为是肝癌。

■ 鉴定结论

　　审理此案的法院委托××区医学会对涉案医疗纠纷进行医疗损害鉴定，鉴定意见为：本例不属于对患者人身的医疗损害，医疗活动中存在医疗过错，与患者目前状况不存在因果关系。

■ 分析评论

　　（一）××医院的诊疗行为是否存在医疗过错

　　2013年4月12日患者在××医院腹部增强CT报告中未提示肝左叶病变，亦未提醒患者近期随访；同时未于2012年2月15日的检查作对照，存在过错。

　　××医院于2012年2月15日为患者行上腹部MRI检查，2013年4月12日行上腹部增强CT检查，根据摄片情况可以发现肝左叶存在病变。另由于患者系肝癌高危人群，长期在该院就诊、随访，故该院应具有高度的注意义务，对其肝脏部位的变化更加重视，并提示患者予以注意。然而××医院在CT报告中未能提示肝左叶病变情况，未能提醒原患者近期随访，由于××医院未对两次检查进行对照，也未能发现肝部结节增大，肝癌可能大，此系××医院的医疗过错。

　　（二）医方过错与患者人身损害结果是否存在因果关系

　　患者为乙肝后肝硬化，有家族性乙肝病史，为肝癌高危人群，长期在××医院就诊及随访。患者于2012年2月15日在××医院行上腹部MRI检查，未见左肝叶病变。患者自行于 2013 年 8 月 19 日至 A 医院行核磁共振检查。发现肝左叶病变，原发性肝癌需考虑。患者于 2013 年 9 月 13 日在××大学附属××医院行肝癌手术治疗，术后恢复良好。患者在××医院检查后自行至他院检查，行手术治疗，××医院的过错未实际影响其治疗，未造成患者实际的人身损害结果，患者的人身损害结果是其疾病自然转归的结果，二者之间不存在因果关系。

（刘瑞爽）

No. 25
胆囊炎、胆囊结石、肠梗阻、肺部感染诊疗过错致死亡一例

▌案情介绍

患者吴××，女，43 岁。2011 年 11 月 6 日，吴××因恶心、呕吐 8 天至××医院门诊处就医，门诊诊断为：慢性胆囊炎、胆囊结石。医方对吴××实施了相关诊疗措施后未见病情好转。2011 年 11 月 19 日吴××因"腹痛伴恶心、呕吐 1 月，停止排便 20 天"至该院普外科住院治疗，入院诊断为：慢性胆囊炎、胆囊结石、不全性肠梗阻、精神分裂症。11 月 23 日，吴××病情加重，浅昏迷。11 月 24 日吴××突然出现血氧饱合度下降，呈昏迷状态，被告给予气管插管、呼吸机辅助通气、多巴胺、去甲肾上腺素泵入维持血压，补液抗休克、抗炎、抑酸、促醒、脑保护等治疗。后吴××昏迷程度逐渐加重，双侧瞳孔散大固定，血压不稳，自主呼吸消失，被告向吴××家属交代吴××现病情危重，随时有呼吸、心脏骤停可能，故吴××家属于 2011 年 11 月 27 日放弃治疗，自动出院。出院诊断为：休克（低血量，脓毒症休克）；肺部感染；心肺复苏术后；缺血缺氧性脑病；慢性胆囊炎、胆结石；不全性肠梗阻；精神分裂症。出院当日，吴××因"脓毒症休克、缺血缺氧性脑病"死亡。

原告与被告××医院医疗损害责任纠纷一案，某基层法院于 2012 年 3 月 31 日受理后，依法组成合议庭于 2012

年5月2日和2013年4月22日公开开庭进行了审理。2013年5月13日该院作出（2012）×民初字第1731号民事判决后，被告对该判决不服，上诉于××市中级人民法院。该院审理后，认为："原审法院在上诉人对鉴定意见提出异议的情况下，未要求鉴定机构出庭接受质询，也未对上诉人提交给鉴定机构的病程记录中是否有2011年11月20日至22日的记录进行进一步核实，即采信了鉴定意见书，原审审理程序违法，应当撤销原判，应予重审。"故于2013年12月12日作出（2013）×民终字第658号民事裁定书，裁定："一、撤销××区人民法院（2013）×民初字第1731号民事判决；二、发回××区人民法院重审。"该案重审后，经被告申请，该基层法院（以下简称法院）依法委托北京××司法科学证据鉴定中心（以下简称××鉴定中心）对被告给患者吴××实施的诊疗行为是否存在过错，吴××的死亡与被告的诊疗行为是否存在因果关系，如有过错，过错参与度进行重新鉴定。

争议焦点

患方认为：医疗行为存在过错，且过错参与度在65%。

医方辩称：通过两次鉴定，对患者吴××实施的诊疗行为是存在一定的不足之处，对此医方向患方表示歉意，医方也愿意在法律规定的范围内承担相应的民事责任，但患方的诉讼请求过高，医方不能接受。

鉴定结论

本案重审后，根据医方的申请，××法院依法委托××鉴定中心对××医院给吴××实施的诊疗行为是否存在过错进行司法鉴定。2014年8月30日，××鉴定中心作出（京）××司鉴（2014）临鉴字第 427 号《司法鉴定意见书》，鉴定意见为："××医院对吴××的诊疗行为存在过错，吴××的死亡与××医院的诊疗行为存在因果关系，医院的医疗过错程度，从法医学立场分析为介于共同作用和主要作用之间范围，是否妥当供法庭审理裁定参考。"

分析评论

（一）关于是否存在医疗过错的问题

1. 关于肠梗阻治疗及嗜睡、肺炎诊疗中的医疗过错

肠梗阻是外科最常见的急腹症之一，原则上动力性肠梗阻痉挛性肠梗阻采用非手术治疗，机械性完全肠梗阻采用手术治疗，绞窄性肠梗阻则应急症手术。是否手术治疗，必须结合病史、体征、X 线检查及实验室检查作出综合判断。无论手术与否，均应采用非手术治疗，对于慢性或不全梗阻者，通过非手术治疗，部分病人梗阻可得到解除。常用措施有：持续胃肠减压、纠正水电解质紊乱和酸碱失衡、抗感染以及营养支持，经 24～48 小时非手术治疗症状不缓解的病人可考虑手术治疗。吴××死亡后未进行尸体解剖，由此对于吴××的具体死亡原因不能在病理学层面得以明确，对于本案全面评价××医院的诊疗行为具有一定程度的不利影响。根据病历记载，吴××2011 年 11 月 27 日出院时呈昏迷状态，血压波动不稳定，依靠大剂量多巴胺、去甲肾上腺素联合维持，吴××瞳孔散大固定，直径 6mm，光反应消失，出院诊断为休克（低血容量，脓毒症休克）、肺部感染以及缺血缺氧性脑病等，故依据现有病历资料推断休克以及缺血缺氧性脑病合并肺部感染致多脏器功能衰竭最终导致吴××死亡。吴××因"腹痛伴恶心、呕吐 1 月，停止排便 20 天"入院，查体上

腹部压痛，未见胃肠性及蠕动波，移动性浊音阴性，肠鸣音正常。B超检查提示：胆囊石、胆囊结石。立位腹平片示：不全性肠梗阻。医院依据吴××的病史、症状体征及辅助检查结果做出初步诊断，符合诊疗常规。吴××为不全性肠梗阻，入院时体温不高，生命体征平稳，医方给予吴××保守治疗，不违反诊疗原则。根据病历记载，经治疗后患者肠梗阻及胆囊炎明显好转。临床治疗持续胃肠减压可以降低肠腔内的压力，减轻腹胀，减少肠腔内细菌和毒素，改善肠壁血循环和全身状况，是治疗肠梗阻的常用措施之一；对肠梗阻的病人应给予抗生素预防和治疗，医方未采取上述措施，不符合临床治疗指南的要求，存在一定不足。查看病历材料，吴××入院时神志淡漠，精神萎靡，次日进展为精神差，嗜睡可唤醒，医方考虑吴××嗜睡加重和长期服用抗躁狂症药物有关，但在入院记录中未见有关抗躁狂症药物的使用记载，神经内科会诊也未给出积极建议，此后吴××的精神症状并未缓解，并于2011年11月24日进展至昏迷状态。吴××入院后呈进行性加重表现，即便腹部症状好转当日，神志仍处于嗜睡状态，因此吴××神志状况与肠梗阻关联性不明显，不能排除吴××入院时就已存在低氧血症的情形。医方在吴××2011年11月21日肠梗阻病情好转时未能进一步明确患者嗜睡的原因，直至23日吴××出现危机情况，存在延误治疗情形。护理记录显示：2011年11月23日19：00吴××体温升高至38℃，脉搏150次/分，呼吸23次/分，血氧饱和度96%，并出现痰多不易咳出情况，报告医生后于19：50给予NS20mL＋西地兰0.4mg静脉缓慢推注。此后脉搏介于140~150次/分之间，血压呈进行性下降，最低时为80/50mmHg，次日5：40给予多巴胺200mg静脉泵人，氨溴素 30mg 静脉注射，脉搏、心率、血压无明显变化，至 8∶00 血氧饱和度降为 60%。抢救记录显示：吴××双肺可闻及少量痰鸣音，血气分析结果提示：Ⅱ型呼吸衰竭、代谢性酸中毒。以上病情发展表明吴××在肠梗阻未完全缓解的情况下肺部炎症进一步加重，呼吸道分泌物增多，进而出现Ⅱ型呼吸衰竭、代谢性酸中毒，该结果系肺部疾病和肠道疾病相互促进恶化作用所致。关于肺部疾病，吴××2011 年 11 月 4 日胸片提示右肺有炎症可能，但入院及当日 2 次血象检查白细胞均在正常范围，2011 年 11 月 25 日吴××白细胞升至 15×109/L，提示出现细菌感染，经抗生素应用后，白细胞恢复正常范围，但吴××病情并未出现好转，故吴××的肺炎不排除为病毒性、间质性或支原体性肺炎，后期合并细菌性感染。

2. 关于病历书写的不规范之处

入院记录显示病史陈述者为本人，可靠程度为可靠，但病历内容显示患者神志淡漠，精神萎靡，查体不合作，问答不配合，前后存在矛盾。病历记录下方"以上记录与我叙述一致"的叙述者签名为"王××"，非吴××本人，前后存在不一致情形。

（二）关于医疗过错与患者死亡之间的因果关系问题

医方在吴××入院后根据其临床表现及查体情况，作出初步诊断并制定相应的治疗计划，符合诊疗规范，并取得了一定的效果。但未能按照诊疗指南的要求规范性治疗，存在一定的不足；在针对吴××神志变化的病因治疗方面存在缺陷，治疗过程中未特别关注吴××肺部疾病的进展，导致肺部感染及肠道疾病相互促进恶化；虽然医方后期抢救及治疗过程符合诊疗规范，但效果已有限。故依据现有病历资料推断，休克以及缺血缺氧性脑病合并肺部感染致多脏器功能衰竭最终导致吴××死亡。因此，医方对吴××实施的诊疗行为存在过错，吴××的死亡与医方的诊疗行为存在因果关系。

（刘瑞爽）

No. 26

术后腹腔残留胆道结石合并局部化脓性感染诱发心源性猝死一例

▌ 案情介绍

2013 年 3 月 8 日，患者林××，65 岁。因"反复腹痛 4 月、体重减轻 2 月"第一次入住某甲医院消化内科，入院诊断：（1）慢性浅表性胃炎；（2）慢性胆管炎；（3）慢性胆囊炎、胆管结石；（4）消化性溃疡。3 月 12 日行 ERCP 术，术后予以抗感染、护肝等治疗，于 3 月 19 日出院，住院 11 天。出院诊断：慢性胆管炎，肝胆管结石伴胆管炎。2013 年 4 月 2 日，患者因"反复腹痛 4 月余、再发 2 天"第二次入住某甲医院肝胆外科，入院诊断：（1）胆总管结石并胆管炎；（2）胆囊炎。4 月 3 日行腹腔镜肠粘连松解、胆囊切除、胆总管切开、胆道镜探查取石、T 管引流术，术中为患者切除胆囊和一块大小约 2.5cm×2.5cm 结石。术后加强抗感染、护肝、营养支持治疗，于 4 月 20 日出院，住院 18 天。出院诊断：（1）胆总管结石并胆管炎；（2）慢性胆囊炎。同年 4 月 24 日上午，患者儿子搭载林××到某甲医院向主治医生田××反映伤口疼痛异常，要求住院检查，被拒绝。患者儿子遂搭载患者返家，在返家过程中突然晕倒，被立即送往某市人民医院抢救，当日中午 12 时，经抢救无效死亡。

争议焦点

患方认为：

（一）医方存在医疗过错

1. 内镜介入治疗手术失败，未取出结石，存在医疗过错。

2013 年 3 月 7 日中午 12 时，患者到某甲医院消化内科就诊时，患者陈述 4 个月前曾因腹部疼痛到某甲就诊，被诊断为：（1）慢性浅表性胃窦炎；（2）心电图诊断报告单诊断为窦性心动过缓和完全性右束支阻滞；（3）放射诊断报告诊断为双肺未见异常 X 线征和主动脉硬化；（4）B 超和 CT 诊断报告书诊断为：①胆总管下段多发结石、肝内胆管、胆总管明显扩张；②胆囊增大、胆囊炎、肝内外胆管扩张、胆总管上段扩张；③肝 S6 囊肿、前列腺增大；④右肾结石。经消化内科主任医师康××诊疗后认为患者需要做胃镜检查（内镜介入治疗）、非离子型含碘造影剂、ER-CP＋胆管取石＋鼻胆管引流（检查、内镜介入治疗），患者经该科主任医师康××住院治疗 12 天后（即 3 月 19 日）出院，患者的病情没有任何好转。在消化内科的病历中，既然诊断患者需做 ERCP＋胆管取石＋鼻胆管引流检查（内镜介入治疗），但是在这个病历中却见不到《手术记录单》、《病程记录》、《会诊意见》等，也没有取出结石记录，这与手术前检查严重不符，这说明手术并没有把结石取出，也就是说一颗结石都没有取出，手术是很失败的。

2. 腹腔镜手术失败，取石不尽。

第 1 次手术后过了 12 天，即 4 月 1 日，患者病情不见好转，于是患者又到某甲医院住院就医，在急诊部就诊并安排查腹部 CT 并诊断为：（1）胆总管下段结石并胆道扩张；（2）慢性胆囊炎，胆囊增大；（3）右肾细小结石。第 2 天即 4 月 2 日，这次××医院安排患者在肝胆外科住院就医而不是消化内科。根据 4 月 1 日急诊查腹部 CT 诊断报告，肝胆外科副主任医师田××术前诊断患者患有胆总管结石并胆管炎、胆囊炎。安排 4 月 3 日上午对患者实施外科手术，需要对患者进行"腹腔镜胆囊切除术、胆总管切开、胆道镜探查、取石术"。在 4 月 3 日上午 10 时 10 分至下午 13 时 40 分，副主任医师田××对患者实施手术为"腹腔镜肠粘连松解、胆囊切除、胆总管切开、胆道镜探查取石、T 管引流术"。为患者微创性摘除胆囊和一块大小约 2.5cm×2.5cm 结石，住院期间，患者伤口时常疼痛。4 月 11 日，患者进行腹部 SCT 扫描复查，与前片（2013 年 3 月 9 日 CT）对比显示：（1）胆管术后改变、腹腔液气腹改变、并周围炎症改变、胆囊术后缺如、胆囊窝积气积液；（2）两肺下叶感染征、双侧胸膜增厚、右侧少量胸腔积液；（3）肝 S6 囊肿；（4）右肾结石。同年 4 月 20 日，医生没有在患者出院前为其进行复查如"生化常规"、"胆道造影"等的情况下，就让患者办理出院手续出院。

3. 术后医生复查不仔细，存在漏诊，延误诊疗，最终导致患者死亡。

4 月 23 日傍晚 7 时，患者感觉特别不舒服，四肢软弱无力，连抬头也无力抬起，伤口疼痛，不想吃东西，坚持到第 2 天即 4 月 24 日上午 7 时左右，患者家属驾车送患者到××医院。上午 10 时 20 分左右，刚好在医院碰到副主任医师田××，患者儿子立刻上前跟医生说明患者的病情，田医生认为是缺钾症状，安排其助理李×医生为患者简单地清洁一下伤口和开了 6 支氯化钾注射液。患者家属要求李×医生检查一下，但被拒绝。上午 11 时 15 分左右，患者家属再次请求李×医生收留患者住院检查，李×医生再次拒绝。无奈，患者家属只好驾车送患者回鹤山老家，刚到某市碧桂园小区，患者刚下车就晕倒了，患者家属立即送患者到某市人民医院急诊室抢救无效死亡，死亡时间为2013年4月24日中午12时左右。

4. 医方忽视心脏病的诊断与治疗，构成医疗过错。

对于受害人死亡的主要原因——心脏病，被医生在整个治疗的过程中忽视了。作为专业的医务人员，应该预计到术后的腹腔感染、肺部感染如果不有效地治疗对于心脏病受害人林××生命将造成极大危害，甚至存在诱发心源性猝死的可能。

住院后期和出院后，患者每天大量体液的流失导致电解质紊乱极大增加了心源性猝死风险，术后出现肺部感染的并发症，医生并没有诊断，出院记录上也没有记录，也没有病程记录，也没有针对性治疗，这也是心源性猝死的诱因之一。

5. 尸检报告证明在胆道取石术后，在腹腔内局限性感染基础上诱发心源性猝死。

患者家属质疑其父亲死因不正常，于4月27日向××大学法医鉴定中心申请尸体检验，以确定林××的死亡原因，得出法医病理学诊断是："（1）胆囊切除、胆总管切开取石术后局限性感染；后腹膜胆结石留置（1颗）；肝右叶囊肿；（2）左冠状动脉粥样硬化（管腔狭窄程度Ⅱ）；心肌局灶性炎症细胞浸润……分析说明及鉴定意见：……（2）尸体解剖及组织学检验发现死者已行胆囊切除、胆总管切开取石术后；后腹膜胆结石留置（1颗）；肝右叶囊肿；腹膜未见明显化脓性改变；左冠状动脉粥样硬化（管腔狭窄程度Ⅱ级）；心肌局灶性炎症细胞浸润；其余脏器淤血。其中心脏病变可继发心律失常致心源性猝死。……综上所述，结合案情分析，林××符合在胆道取石术后，腹腔内局限性感染基础上诱发心源性猝死。……"

6. 病历的封存存在问题。

当天即 4 月 24 日下午 3 时左右，患者家属到被告的质控科复印患者两次住院病历资料，被告质控科的工作人员将家属故意留在二楼办公室，不让家属等人会同质控科的工作人员一起到一楼档案资料室依法复印受害人病历资料，被告的质控科工作人员独自在一楼档案资料室复印了整三个多小时后才拿出几十页的病历资料给家属，没有让家属看清准备封存病历资料就要求家属在封存病历资料文件袋上签名。

（二）医方的医疗过错与患者死亡存在因果关系

患者的死因是术后腹腔内留置 1 颗结石并发局限性感染基础上诱发心源性猝死。这正是医生手术选择的不当、手术过程的失败及术后诊断治疗的不当，造成了患者腹腔内局限性感染，这是患者死亡的直接诱因。住院后期和出院后，患者每天大量体液的流失导致电解质紊乱极大增加了心源性猝死风险，术后出现肺部感染的并发症，被告医生并没有诊断，出院记录上也没有记录，也没有病程记录，也没有针对性治疗，这也是心源性猝死的诱因之一。对于受害人死亡的主要原因——心脏病，被医生在整个治疗的过程中忽视了，作为专业的医务人员，应该预计到术后的腹腔感染、肺部感染如果不有效地治疗对于心脏病受害人林××生命将造成极大危害、甚至存在诱发心源性猝死的可能。在患者死亡当天返回医院复诊时，接诊医师田××并没有发现病情的严重性。作为患者的主治医师田××应该对患者的整体病情应有清晰的认识，因此，患方认为正是由于医生的粗心大意，延误了受害人林××的救治。因此，患方认为，医疗过错行为与患者死亡存在因果关系。

某甲医院认为：

1. 我院不存在医疗过错行为，患者的死亡是自身疾病自然转归的结果。

患者林××在我院两次住院期间，我院均秉承救死扶伤的精神对患者进行了救治，治疗期间的各项措施均符合诊疗常规和部门规范，不存在过错。林××出院后出现心源性猝死是患者心脏基础疾病所引起，与我院无关。

2. 患者提供的《尸检报告》存在诸多矛盾之处，不应作为认定本案过错的依据。在尸检过程中，鉴定人没有能够提存留置在腹腔内所谓的"结石"，使尸检报告失去了合法有效的基础，我院在诉讼过程当中多次就尸检报告的合理合法性问题通过发函或者是申请质证的方式提出异议，鉴定人均没有就此问题作出有效的回应，所以，尸检报告作为医疗过错司法鉴定的一个重要依据的合法性无法确认。目前，××大学司法鉴定中心以一份有瑕疵的尸检报告为依据而出具的《司法鉴定意见书》的鉴定结论，我院对该鉴定结论持有异议。因此，林××的死亡是在其心脏病变基础上，综合电解质紊乱、低血糖、劳累、感染等因素所致。

■ 鉴定结论

（一）尸检报告

林××死亡后，××市卫生局于 2013 年 4 月 27 日委托××大学法医鉴定中心对林××的死亡原因进行尸体检验。同年 5 月 28 日，××大学法医鉴定中心出具×司鉴字20130100100139 号《鉴定意见书》，法医病理学诊断：尸体解剖及组织学检验发现死者后腹膜胆结石留置（1 颗），左冠状动脉粥样硬化（管腔狭窄程度二级），心肌局灶性炎症细胞浸润，其余脏器淤血。鉴定意见：林××符合在胆道取石术后，腹腔内局限性感染基础上诱发心源性猝死。

诉讼期间，某甲医院向法院提出申请，对××大学法医鉴定中心出具的×司鉴字 20130100100139 号《鉴定意见书》中林××的死因鉴定有异议，申请鉴定人出庭作证，法院经审查，通知鉴定人出庭作证，对被告某甲医院的质疑进行了解答。鉴定人竟××出庭作证称："本次鉴定是受××市卫生局的委托进行，在尸检过程中，在林××的腹腔肝右下方发现一个硬物，颜色为褐色，从颜色、形状、表明状态判断是胆结石，并且该硬物周围没有其他组织包围，可以判断出在腹腔中的时间不会太久，根据一般尸检的程序，没有对该硬物进行成分的检验要求，在场的双方当事人也没有提出检验的要求。在整个尸检过程中均进行了拍照。"鉴定人唐××出庭作证称："在本次尸检过程中，在死者腹腔中发现了一颗结石，并立即进行了拍照，从结石发现的部位、肉眼观察、物理形态等因素分析，可以判断出是结石，由于结石不是人体正常组织器官的一部分，故没有保留该结石进行成分分析。"

（二）鉴定结论

在诉讼过程中，原告（患者家属林×）申请对本次医疗损害纠纷进行医疗损害鉴定，鉴定事项为：某甲医院在林××的诊疗过程中是否存在医疗过错；某甲医院的诊疗行为与林××死亡的损害后果是否存在因果关系，以及该诊疗行为在林××死亡后果中的参与度。法院经摇珠后，委托××大学司法鉴定中心对上述鉴定事项进行医疗损害鉴定。

2014 年 6 月 16 日，××大学司法鉴定中心出具×大司鉴（2014）病检字第 508 号《司法鉴定意见书》。该鉴定中心得出的鉴定意见为：本例死者符合在基于本例患者的慢性胆囊炎，胆总管下段多发结石并胆管炎，以及冠心病、完全性右束支阻滞和原发性高血压等均为原发性慢性疾病基础上，胆囊切除和胆道镜探查取石术后，腹腔残留胆道结石合并局部化脓性感染，继发心源性猝死。在某甲医院的医疗过程中，医方存在医疗过错，与术后发生腹腔残留胆道结石合并局部化脓性感染，继发心源性猝死之间存在一定的因果关系，应分别属于根本死因、中介死因和直接死因。直接原因为心源性猝死；中介死因为诊治过程中医疗过错，原因力占 40%；根本原因为冠心病、高血压病、慢性胆囊炎、胆总管下段多发结石，原因力占 60%。

分析评论

（一）医方是否存在医疗过错

1. 诊断方面的过错

（1）本例患者 2013 年 2 月 27 日至 3 月 7 日之间 CT、3 月 11 日 S - CT、4 月 11 日 S - CT 显示，本例患者多发性胆总管结石，但手术记录中胆总管仅取出 1 颗结石，尸检见肝右叶下方后腹膜 1 颗胆结石遗留并化脓灶，医方未能对本例多发性胆总管结石术后，是否有残留结石以充分关注，并作进一步随访和相应诊治，医方存在一定程度手术后影像学检查和经治医生的漏诊。

（2）本例患者高血压病史 2 年，入院时 BP145/82，住院期间医生予降压药物，血压维持基本正常范围。术前两次心电图：窦性心律/窦性心动过缓、完全性右束支传导阻滞；胸 X 线示：主动脉硬化。但是，未见经治医生的相关诊断，因此，医方存在漏诊的情况。

2. 治疗方面的过错

（1）本例术前多次影像学检查均提及或误诊性提示"多发性胆总管结石"，而手术记录仅取出一个结石；术后患者一直"腹部切口疼痛"；尸检所见，肝右叶下方后腹膜 1 颗胆结石遗留并局部化脓，特别是 20 日出院前和 24 日上午（死亡当天）多次因腹痛找医生，医方未予以相应复查，而认为"做这手术都会痛的"和"缺钾现象"，以至于未能及时明确腹腔术后遗留结石的相关诊断及其针对性防治。因此，医方存一定手术遗留胆结石的过错，及其相应的漏治情况。

（2）4 月 1 日至 20 日，在某甲医院住院期间 5 次血常规，3 次白细胞高，手术后白细胞持续性高，特别是手术前 1 天较高，提示存在感染情况，而医方却于次日行"腹腔镜胆囊切除＋胆总管切开、T 管引流"术。但是，本例患者一直生命体征平稳，按常规和病历记载属于择期手术的适应证，应先控制急性炎症，待炎症缓解后再行手术为宜。因此，医方存在一定的手术时机选择不甚适宜的过错。

3. 病历方面的问题

医方存在一定程度病历记录的问题。

（二）医疗过错与患者死亡是否存在因果关系

本例患者的慢性胆囊炎，胆总管下段多发结石并胆管炎，以及冠心病、完全性右束支阻滞和原发性高血压等均为原发性慢性疾病，亦属于胆囊切除和胆道镜探查取石术的适应证。但是在某甲医院的医疗过程中，医方存在上述诸方面的过错，与术后发生腹腔残留胆道结石合并局部化脓性感染，继发心源性猝死之间存在一定的因果关系，应分别属于根本死因、中介死因和直接死因。直接原因为心源性猝死；中介死因为诊治过程中医疗过错，原因力占40%；根本原因为冠心病、高血压病、慢性胆囊炎、胆总管下段多发结石，原因力占60%。

（三）医方应承担的法律责任

根据《中华人民共和国侵权责任法》第6条规定："行为人因过错侵害他人民事权益，应当承担侵权责任。"第54条规定："患者在治疗活动中受到侵害，医疗机构及其医务人员有过错的，由医疗机构承担赔偿责任。"根据上述规定，医疗损害侵权责任有三个构成要件：医疗机构和医务人员的诊疗行为有过错，患者存在损害后果，该诊疗行为与损害后果之间的因果关系，三者缺一不可。医疗行为与损害后果之间不存在因果关系或医务人员不存在过错，均属于医疗损害侵权责任的免责事由。此外，由于医学是一门十分专业的学科，医院诊疗行为是否存在过错以及因果关系的认定具有高度的专业性，在当事人存在争议的情况下，仅凭法官的良知、法律知识和社会经验无法做出准确的判断，审判实践中一般需通过医学鉴定方式结合医学鉴定报告予以综合认定。故此，医疗损害鉴定结论是医疗损害责任纠纷的重要证据形式，其证明力的认定是医疗损害责任纠纷处理的关键。本案中，××大学法医鉴定中心出具的《尸检报告》以及××大学司法鉴定中心出具的《司法鉴定意见书》，均是当事人及法院在遵循法定程序而委托的鉴定结论。虽然某甲医院对该两份鉴定报告均提出异议，但未能提供实质的证据予以反驳，且在××大学司法鉴定中心出具的《司法鉴定意见书》作出后至庭审辩论终结前，其没有提出重新鉴定申请，根据《最高人民法院关于民事诉讼证据的若干规定》第71条规定："人民法院委托鉴定部门作出的鉴定结论，当事人没有足以反驳的相反证据和理由的，可以认定其证明力。"因此，法院对本案涉及的两份鉴定报告的证据效力予以确认，依法采纳其鉴定结论。依据××大学司法鉴定中心出具的《司法鉴定意见书》鉴定意见："某甲医院对林××的诊疗行为存在一定过错，导致林××死亡的直接原因为心源性猝死；中介死因为诊治过程中医疗过错，原因力占40%；根本原因为冠心病、高血压病、慢性胆囊炎、胆总管下段多发结石，原因力占60%。"再结合《中华人民共和国侵权责任法》第6条第1款、第54条的规定，医疗损害责任归责原则为过错责任原则，除根据法律规定推定行为人有过错的情形外，原则上由患方承担过错的举证责任。综上所述，某甲医院对患者林××诊断治疗的过程中存在医疗过错，其与患者林××的死亡有一定的因果关系，过错参与度为40%。被告某甲医院应当按照自己的过错程度承担相应的赔偿责任，鉴于林××死亡的后果，某甲医院还需向林×支付一定数额的精神损害抚慰金。

（刘瑞爽）

No. 27

手术误伤胆总管致胆总管狭窄、胆管炎反复发作及门静脉高压一例

▉ 案情介绍

患者朱××，男，汉族，1949 年 6 月 10 日生。1992 年 3 月 5 日，朱××因"上腹部疼痛、不适、呕吐一年半"入住××医院，被诊断为"慢性结石性胆囊炎"。1992 年 3 月 10 日，××医院行"胆囊切除术"，术中误断胆总管，××医院立即实施了"胆总管端端吻合术 + T 管引流术"。手术记录载明："常规于卞氏三角（手术记录模糊，法院根据字形判断为卞氏三角）处提起十二指肠韧带前层大浆膜，并给予仔细分离出认为是胆囊管后，给予胆囊管距胆总管约 0.5cm 钳夹，切断……术后检查胆总管，确诊为胆总管损伤后，找出胆总管下端，并给予行胆总管端端吻合术 + T 型管引流术。仔细分离并解剖胆总管，确诊有胆囊管畸形，胆囊管进胆总管的后方绕至胆总管的右侧壁，并开口大，开口位置比较低"。3 月 13 日的病理检验报告显示朱××患有慢性胆囊炎及其周围组织炎。1992 年 4 月 7 日，朱××拔除 T 管后出院。1992 年 8 月 14 日，朱××无明显诱因出现"全身皮肤及巩膜黄染"，于 10 月 14 日入住××医院消化内科。10 月 21 日，××医院行"肝穿刺"检查，病理报告显示为"慢性活动性肝炎"。11 月 21 日，朱××转入普外科治疗，诊断为"胆总管上端良性狭窄（术后）"；慢性活动性肝炎（乙肝）。12 月 10 日行"肝门胆总管切开成形

＋肝胆管－空肠 Roux－y 吻合＋肝胆管硅胶管内支撑＋胆肠吻合口乳胶管引流术"。1993 年 1 月 18 日，朱××出院。2009 年 3 月 9 日，朱××因血管炎入住××省人民医院，3 月 18 日出院。2009 年 3 月 18 日至 2010 年 9 月 8 日前，朱××因胃底静脉曲张、门静脉高压、脾功能亢进、急性胆管炎、肝硬化等疾病在××医院住院治疗 14 次。2010 年 9 月 8 日，朱××再次入住××医院，住院记录载明："患者一年半前无明显诱因出现呕血……6 小时前，患者感有中上腹部不适，呈持续性，随后出现呕血，混有少量食物残渣。为进一步治疗，拟以胃底静脉曲张破裂出血收治入院。"经检查发现：（1）门静脉初始段狭窄，可见迂曲扩张的侧枝静脉循环形成，门脉右支扩张，脾静脉显示不清，栓塞可能，肠系膜上腔静脉汇入侧支循环；（2）肝脓肿，脾肿大，肝内及脾门积气，双肾囊肿。门静脉彩超显示：门静脉高压，门静脉血呈高速流，门静脉左支与胃底静脉形成侧支循环。肠系膜静脉上静脉彩超显示：肠系膜上静脉血流明显增快。2010 年 9 月 8 日、9 月 15 日，××医院行"内镜下硬化剂治疗"。9 月 26 日，朱××出院。2010 年 9 月 26 日至 2012 年 2 月 17 日期间，朱××又在××医院住院 4 次，分别进行了输血和内镜下硬化剂治疗，并且在 2011 年 12 月 10 日至 2012 年 2 月 17 日间进行了脾切除＋联合断流＋肝活检术。朱××在 1992 年 3 月 5 日至 2012 年 2 月 17 日共住院 376 天，其中在××省人民医院因血管炎住院 10 天，2011 年 12 月 10 日至 2012 年 2 月 17 日脾摘除住院 69 天。

争议焦点

本案的争议焦点为：（1）××医院的诊疗行为是否存

在过错；（2）××医院的诊疗行为与朱××的胆总管损伤、频繁发生的胆管炎和门静脉高压之间是否存在因果关系；（3）××医院应否对朱××的损害承担赔偿责任。

患方认为：

1. ××医院存在医疗过错行为。××医院于 1999 年 3 月 10 日行"胆囊切除术"，术中损伤胆总管，为医疗过错行为。

2. ××医院的医疗过错行为与患者的胆总管狭窄、胆管炎反复发作及门静脉高压存在因果关系。

医方认为：

1. 18 年前××医院为患者实施的手术符合医疗规范，患者的胆总管损伤是胆囊切除术的并发症，医方在术后 1 个月拔除 T 管符合诊疗规范，并不存在提前拔出的问题，T 管拔出与第 2 次手术没有因果关系，且该行为在 1992 年的医疗水平下是恰当的、合理的，医方不存在医疗过错。

2. 在 18 年前的手术中确有胆管损伤的情况，但当时医方已经为患者实施了胆管吻合术和 T 管引流术，患者在 18 年前出院的时候所有病症已经治愈，因此患者 18 年前的手术与其所患的门静脉高压不存在因果关系。

▌鉴定结论

（一）××市医学会鉴定意见

2010 年 12 月 2 日，××市医学会出具了医鉴（2010）153 号医疗事故技术鉴定书。分析意见认为，患者有"胆囊切除术"的适应证，因胆管畸形，术中误断胆总管，属于难以避免的并发症，医方及时行"胆总管端端吻合＋T 型管引流术"予以补救。但术后过早拔除 T 型管，违反治疗常规，与患者胆管狭窄而行"胆肠吻合术"存在一定因果关系。患者第 2 次手术后反复出现胆管炎，属于"胆肠吻合术"的常见并发症。根据患者手术的部位及后期检查、治疗情况，其目前门静脉高压症与 18 年前手术无明确因果关系。该鉴定书的鉴定结论认为："本病例属于三级丙等医疗事故，医方承担次要责任。"

（二）××省医学会鉴定意见

朱××对该鉴定不服，向××省医学会申请鉴定。2011 年 10 月 11 日，××省医学会作出了××医鉴（2011）130 号医疗事故技术鉴定书。鉴定意见认为医方存在以下缺陷：（1）胆道手术因解剖变异误伤胆总管是难以避免的并发症，在术中出现意外，医方未曾及时请上级医师作补救性手术的具体指导；（2）自手术后至出院 26 天中，无上级医师查房记录；（3）术后 26 天过早拔除 T 型管，违反治疗原则，与嗣后胆总管狭窄再行"胆肠吻合术"存在一定因果关系。但鉴定意见没有明确多次发生的胆管炎与之前的手术之间有无因果关系。鉴定意见还认为，患者"门静脉高压症"的发生与患者慢性活动性肝炎、区域性炎症、肠系膜上腔静脉血栓、脾静脉栓塞等多种因素有相关性，与 18 年前手术的因果关系难以明确。鉴定结论为："本病例属于三级乙等医疗事故，乙方承担次要责任"。

分析评论

患者在诊疗活动中受到损害，医疗机构及其医务人员有过错的，由医疗机构承担赔偿责任。医务人员在诊疗活动中未尽到与当时的医疗水平相应的诊疗义务，造成患者损害的，医疗机构应当承担赔偿责任。当事人对自己的主张应当提供证据予以证明，没有证据或者其提供的证据不能证明自己的主张的，由负有举证责任的当事人承担不利的法律后果。

（一）关于××医院的诊疗行为是否存在过错的问题

1. 关于朱××是否存在胆囊管畸形的问题

××医院在实施"胆囊切除术"后即发现腹腔内存在胆汁流出的状况，并立即实施了"胆总管端端吻合术＋T型管引流术"，此时××医院对手术存在的问题进行虚假表述的可能性较小。另外××医院作为三级甲等医院，其在手术时注意到了"卞式三角"这一危险区域，故其随意切断胆总管的可能性亦较小。朱××虽主张其不存在胆囊管畸形的症状，但并未提供证据证明其胆囊管在手术前检查正常，故对其不存在胆囊管畸形的意见不应采纳，对其存在胆囊管畸形的事实应予以认定。

2. 关于误断胆总管是否存在过错的问题

"胆囊管畸形"虽不利于手术的操作，但并不能因此认定误断胆总管属于难以避免的手术并发症。因为黄志强主编的《黄志强胆道外科学》表明，肝门处胆管和肝动脉的解剖学变异是很常见的，裘法祖主编的《外科学》亦表明胆囊管汇入胆总管的变异较多，故××医院作为诊疗机构在进行胆囊摘除时应关注胆囊管和胆总管的状况和位置，以防止胆总管损伤。××医院在手术时虽关注了"卞式三角"的状况，但并未分析胆囊管的形状，而是在切除胆囊后才发现自己"误断胆总管"，并根据胆汁流出的情况才分析出朱××存在胆囊管畸形的症状，故不应认定××医院在实施手术时尽到了谨慎的注意义务，医方存在医疗过错。但是，因朱××确实存在"胆囊管畸形"的症状，而胆囊管畸形确实容易导致胆总管损伤，故无论××医院是否尽到注意义务，都有可能在手术中损伤胆总管，故应认定××医院误断胆总管的行为过错较轻。

3. 关于××医院在实施 T 型管引流术后第 26 天拔除 T 型管的行为是否存在过错的问题

××医院虽认为其在实施"胆总管端端吻合术＋T 型管引流术"后 1 个月内拔出 T 型管符合诊疗常规，并提供了吴在德主编的《外科学》。该文献虽然表明可以在术后 15 天左右拔除 T 管，但并未表明该行为适用于"胆囊摘除术和胆肠吻合术"，且××医院的医生在实施"胆总管端端吻合术＋T 型管引流术"时未曾及时请上级医师作补救性手术的具体指引，且在手术后的 26 天中，无上级医师查房，并在术后第 26 天过早拔出 T 型管。黄志强主编的《胆道外科手术学》亦表明"引流管放置达半年，以减少发生狭窄的机会"，故××医院在术后 26 天拔除 T 型管的行为违反诊疗规范。因××市医学会和××省医学会的鉴定意见均认定该行为与朱××嗣后胆管狭窄再行"胆肠吻合术"具有一定的因果关系，且使用 T 型管是因××医院误断胆总管造成的，故××医院对朱××实施的"胆总管端端吻合术＋T 型管引流术"和"胆肠吻合术"的术后处理存在过错。

（二）关于医疗过错行为与患者损害结果之间的因果关系问题

1. 关于频繁发生的胆管炎与之前的诊疗行为是否存在因果关系的问题

××医院虽认为朱××未提供证据证明其在第 2 次手术之后频繁出现了胆管炎，但××市医学会和××省医学会的鉴定书均认定朱××在第 2 次手术后多次出现了胆管炎，且朱××的多份就诊病历均反映出其在第 2 次手术后出现过"反流性胆管炎"、"急性胆管炎"、"肝内胆管积气"，故根据朱××提供的病历及两级医疗会出具的鉴定意见，朱××在第 2 次出院后多次出现胆管炎的事实是成立的。因 1992 年 12 月 10 日所行的"肝门成形、肝胆管－空肠 Rouxy 吻合术"是针对"高位胆管良性狭窄"而进行的对症治疗，而"高位胆管良性狭窄"是过早拔除 T 管导致的，故应认定 1992 年 12 月 10 日实施的手术与××医院过早拔除 T 型管具有因果关系。因××医院未提供证据证明朱××在实施"胆囊切除术"前有"胆管炎"症状，而朱××在实施"肝门成形、肝胆管－空肠 Roux－y 吻合术"后，却反复多年出现胆管炎的症状，故根据××市医学会的鉴定意见——朱××多年反复出现的胆管炎是"胆肠吻合术"的常见并发症，应认定××医院在"胆囊切除术"中的过错与朱××多年反复出现的胆管炎具有一定的因果关系。

2. 关于"门静脉高压症"与××医院之前的诊疗行为是否存在因果关系的问题

因朱××在 1992 年 10 月 14 日的肝功能检查中抗 HBs 为弱阳性，且此后多个检查均显示其患有肝硬化，故对其患有慢性活动性肝炎的事实应予以认定。因吴阶平、裘法祖主编的《外科学》第五版表明肝炎导致门静脉高压需达到"肝硬变"的程度，而朱××的多个出院记录均表明其存在"肝硬变"，故应对朱××因肝炎导致门静脉高压的事实予以认定。但是，因该文献同时载明肝外型门静脉高压的主要病因是门脉主干的血栓形成（或同时有脾静脉血栓形成存在），腹腔内的感染如阑尾炎、胆囊炎等或门脉、脾静脉附近的创伤都可引起门脉主干的血栓形成，而朱××不仅存在门静脉高压，还存在脾静脉栓塞，且多年频繁发生胆管炎，故应认定朱××的门静脉高压与其频繁发生的胆管炎具有一定的因果关系。因胆囊摘除中的过错与频繁发生的胆管炎具有一定的因果关系，故应认定朱××的门静脉高压与其之前的胆囊摘除术之间具有一定的因果关系。

（三）关于朱××胃底静脉曲张与门静脉高压之间的因果关系问题

因吴阶平、裘法祖主编的《外科学》载明："门脉高压症压力不超过 2.45kP 时，食管胃底曲张静脉很少破裂出血"，且朱××多次门诊治疗均系出现黑便和吐血后至相关医院治疗的，故应认定朱××所患胃底静脉曲张与其所患门静脉高压之间具有一定因果关系。

（四）关于朱××的伤残等级问题

××市医学会虽认定××医院过早拔除 T 管的行为构成三级丙等医疗事故，但该分析意见并未考虑××医院医师在误断胆总管后未能及时请上级医师指导手术的过错，亦未分析上级医师在 26 天内未能查房的事实，故对××市医学会作出的本案事故属于三级丙等医疗事故的意见，应不予采纳。因××省医学会的鉴定意见考虑了上述过错，故对××省医学会作出的本事故属于三级乙等医疗事故的意见予以采纳。因三级乙等医疗事故对应的伤残等级为七级，故应认定朱××在患门静脉高压前的伤残等级为七级。

（五）关于××医院的责任比例问题

因朱××存在胆囊管畸形的状况，且××市医学会和××省医学会的鉴定结论均认定××医院系误断胆总管，应承担次要责任，责任比例以 30%～40% 为宜。

（刘瑞爽）

No. 28
实习医师违规修改电子病历致法院直接推定医疗过错一例

▌案情介绍

龚××，男，65岁。于2013年6月3日到××医院外一科住院治疗。诊断为：肝脏占位性病变、高血压3级高危、肾功能不全，行抗炎、对症及支持治疗。6月12日医方对患者龚××停用降压药，6月16日中午12时许患者病情好转出院，住院治疗13天。6月17日凌晨3时患者在家中死亡，未进行尸检。当日，医方实习医师李××对患者6月3日的入院电子病历、电子病程记录进行修改、创建保存；杨×对患者6月7日、8日、10日、12日的电子病程记录进行修改、创建保存，××医院有合法执业医师未审阅并予电子签名确认，修改前的原始病历未保存，主治医师李×在打印出来的电子病历上签名确认。死者家属申请××市医学会医疗事故技术鉴定办公室进行医疗事故鉴定。该鉴定机构于2013年10月25日作出鉴定意见，认为医院诊治过程不违反医疗操作规程，患者死亡与院方诊治过程无因果关系，不属医疗事故。患方认为鉴定时就对病历真实性有怀疑，要求鉴定机构进一步查实，鉴定机构未查实，用篡改后的病历进行鉴定，无法作出真实的鉴定。遂诉讼到法院。

另，李××、杨×系实习医师，无执业医师资格。

争议焦点

患方认为：

1. 医方违反诊疗常规停用降压药，造成患者血压突然增高，脑血管破裂死亡，医疗行为不当存在过错，与患者死亡有因果关系。

2. 电子病历存在伪造、篡改情况。

针对病历伪造、篡改情况，患方向法院提交如下证据：

（1）××医院住院病案首页。欲证明患者于 2013 年 6 月 16 日出院，医方对该首页有修改痕迹。死亡患者尸检一栏勾选"否"，系医方事后添加，对病历进行篡改。

（2）日常病程记录 8 页。欲证明此 8 页电子病历未经修改。第 4 页（2013 年 6 月 8 日）上午 8：30 时查看患者时，医方仍然未对患者血压进行监测。但当天的护理记录单上记载患者不在病房，说明医方的记录相互矛盾。

（3）日常病程记录、上级查房记录、首次病程记录 7 页。欲证明系经过篡改的电子病历。2013 年 6 月 12 日对患者停用降压药，而病历第 1、2 页 6 月 12 日的记录创建时间是 2013 年 6 月 17 日。当时患者已死亡，证明患者死亡后医方对电子记录进行了篡改。

上述有关病历的创建人李××、杨×均不具有执业医师资格，根据卫生部印发的《电子病历基本规范（试行）》（2010 年 24 号）第 10 条规定，创建人员不具有医师资格的，须经有资格的医师电子签名审核确认才有效，才能保证病历的完整真实。××医院管理混乱，实习医师二人以医师名义直接参与治疗，存在非法行医。

（4）入院病历 4 页、出院记录 2 页、长期医嘱单 1 页，欲证明该医嘱单与电子病历的长期医嘱单不一致。第 1 页倒数第 5 行 2013 年 6 月 12 日 19：35 停用降压药同时停止检测血压，事实上被告在 2013 年 6 月 7 日就停止测量血压，停降压药后更应该监控血压。当天的电子病历是 2013 年 6 月 17 日创建的，创建人杨×没有医师资格。第 5 页电脑拍照的入院病历医师签名是李××、第 4 页医院复印出具的入院病历医师签名是李××，两份病历记录内容一致，但医师签名不一致，李××没有医师资格，证明复印出具的病历已经更改。

医方辩称：

1. 不存在医疗过错。龚××住院后，外一科立即请了本院心内科专家和×医附二院肝胆科专家进行远程会诊。患者血压在 90/70mmHg 时能维持器官基本灌注量，没必要继续使用降压药，才停用降压药。肝脏占位性病变须经病理学检查才能确诊，本院尚未开展肝脏穿刺病检，经治疗后，患者腹痛消失，给予出院。患者出院时血压平稳，病情比入院时有好转，符合出院条件。患者本身具有过错，住院期间不听劝阻，在治疗输液后擅自离院回家，给医护人员的检测造成困难。但医生仍然尽心尽责地每日进行补测血压，积极对患者进行治疗。医院对龚××的治疗得当，不存在过错。

2. 诊治过程不违反医疗操作规程，诊疗活动与患者死亡不存在因果关系，患者死亡不是医院造成的。

医方为证明其抗辩主张，向法院提交如下证据：

1.《医疗事故技术鉴定书》。欲证明医院的诊治过程不违反医疗操作规程，患者死亡与院方诊治过程无因果关系。鉴定病历资料系经医患双方签字封存。

2. ××医院×县医发（2013）24 号文件、电子病历系统培训通知。欲证明××医院于 2013 年 4 月 30 日通知启用电子病历，于 5 月 5 日培训，5 月 20 日至 6 月 30 日试运行，7 月 1 日正式使用。电子病历属于新生事物，试运行阶段会出现瑕疵。

3. 卫生部办公厅卫办医发（2002）58 号批复。欲证明李××、杨×可以在上级医师的指导下从事相应的医疗活动，不属于非法行医。

经质证，患方对证据 1 无异议，但认为在病历不真实基础上作出的鉴定结论不可靠。对证据 2 的真实性予以认可，但不能证明被告所说的试运行就可以产生纰漏，应严格按照技术规范操作。对证据 3 无异议，但患方提交的电子病历表明没有在上级医师的指导下从事相应的医疗活动。

经查，××医院电子病历程序系××图像传输科技有限公司安装。休庭后，患方向该公司咨询，该公司答复后台程序信息有保存，可以提交篡改前和篡改后的原始电子病历，但该公司与医院签订过保密协议，须经医院同意才能提交。故患方向法院申请调取，法院向××医院发出举证通知书，要求提交该公司后台程序保存的 2013 年 6 月 17 日创建的、创建前的原始电子病历及创建后的原始电子病历。该公司向法院出具《证明》，说明：××医院正式启用电子病历系统时间从 2013 年 7 月开始，之前电子病历系统的使用均属于调试期（试用期），医师处于在使用电子病历系统学习培训阶段，操作尚不熟练。

经质证，患方对上述证明不认可，认为该公司是按照医方意思出具的。调试期也不能非法行医，创建人是杨×，签名人也是杨×，无合法医师的电子签名，纸质打印病历的签名是李×，与电子签名不符。杨×无医师资格，是不应有工号创建病历的，必须用合法医师的工号才能创建，医院管理不规范。原始电子病历的创建时间应该保存在当天，时间重新生成就说明内容已篡改。××图像传输科技有限公司未按法院的举证要求出具证明，且未能说明理由。2013 年 6 月 12 日，医院停用降压药，关键的入院病历和患者病情均在患者死亡后的 6 月 17 日作了对医院有利的篡改。

法院依职权向××医院普外科副主任医师李×、实习医生杨×调查取证。

李×证实：龚××住院期间我是主治医生，电子病历大部分是实习医生创建，少部分我创建。查房时我口述，实习医生记录，之后他们再创建，创建后我在电脑上修改，修改后打印出来我签字确认。之前的病历是否保留不清楚。病历一般是当天创建，如果手术忙，少数病历只能后面补。2013 年 6 月 17 日创建的电子病历，可能是修改后的病历，我对电脑不熟悉，由实习医生创建、修改。修改后保存新病历，老病历不保存。杨×证实：按照规定，入院 8 小时创建首次电子病历，当天的病历要当天创建，尽量在当天做完，忙不过来的话只能后面再补。电子病历由实习医生先创建，主治医生可以在电脑上修改，也可以打印出来在纸质上修改。病历进行修改后，之前的病历不保留，只保留修改后的病历。2013 年 6 月我院使用电子病历系统时我有工号，可以用我的工号进入系统创建病历，现在无医师资格的没有工号，要用主治医生的工号进入系统创建。2013 年 6 月 17 日创建的电子病历，是修改后保存自动生成新创建时间和我的名字，是否有补建的记不清楚，修改后之前的病历不保留，只保留修改后的病历。主治医生不在电子病历上作电子签名，只在打印的纸质签名。

经质证，患方对上述证实无异议。认为恰恰说明当时医院操作不规范、管理混乱，医院不应该给杨×工号独自执业。日常病程电子病历记录了当天患者的病情，是当天用药的依据，应当天创建，如主治医师认为记录不妥应当天修改，并作电子签名，保留原始病历痕迹。当时医院向卫生局提交的是修改后的病历，医学会没有查实，就无法作出真实的鉴定。

法院对上述证实予以采信。

▮ 鉴定结论

《医疗事故技术鉴定书》：医院的诊治过程不违反医疗操作规程，患者死亡与院方诊治过程无因果关系。鉴定病历资料系经医患双方签字封存。

但审理此案的××法院认为，住院病历系判断医疗机构所实施的诊疗活动是否合法、规范，是否履行诊疗义务的重要依据。医方的实习医务人员在诊疗活动终结、患者死亡后修改创建电子病历，未经过本医疗机构合法执业的医务人员审阅、修改并予电子签名确认，未保存历次修改痕迹、标记准确的修改时间和修改人信息，违反法律、行政法规、规章的规定。被告向鉴定机构提交修改后的纸质打印病历进行鉴定，病历资料不真实，有可能导致鉴定意见的不客观、不真实。

▮ 分析评论

（一）关于依法直接推定存在医疗过错的问题

诊疗活动是指通过各种检查，使用药物、器械及手术等方法，对疾病作出判断和消除疾病、缓解病情、减轻痛苦、改善功能、延长生命、帮助患者恢复健康的活动。《中华人民共和国执业医师法》第 12 条规定："医师资格考试成绩合格，取得执业医师资格或者执业助理医师资格。"第 14 条规定："医师经注册后，可以在医疗、预防、保健机构中按照注册的执业地点、执业类别、执业范围执业，从事相应的医疗、预防、保健业务。未经医师注册取得执业证书，不得从事医师执业活动。"《医疗机构管理条例》第25条规定："医疗机构执业，必须遵守有关法律、法规和医疗技术规范。"第28条规定："医疗机构不得使用非卫生技术人员从事医疗卫生技术工作。"卫生部办公厅《关于正规医学专业学历毕业生试用期间的医疗活动是否属于非法行医的批复》："取得省级以上教育行政部门认可的医学院校医学专业学历的毕业生在医疗机构内试用，可以在上级医师的指导下从事相应的医疗活动，不属于非法行医。"根据上述规定，从事诊疗活动须取得执业医师资格或者执业助理医师资格，并注册取得执业证书，未经取得须在上级医师的指导下才能从事相应的医疗活动。本案中，电子病历由实习医生创建，电子病历上的医生签名也为实习医生，无上级医师的电子签名确认，应属违法使用未取得执业医师资格的人员独立从事执业活动。病历是指医务人员在医疗活动过程中形成的文字、符号、图表、影像、切片等资料的总和，包括门（急）诊病历和住院病历。《电子病历基本规范（试行）》第10条规定："电子病历系统应当设置医务人员审查、修改的权限和时限。实习医务人员、试用期医务人员记录的病历，应当经过在本医疗机构合法执业的医务人员审阅、修改并予电子签名确认。医务人员修改时，电子病历系统应当进行身份识别、保存历次修改痕迹、标记准确的修改时间和修改人信息。"《中华人民共和国侵权责任法》第61条第1款规定："医疗机构及其医务人员应当按照规定填写并妥善保管住院志、医嘱单、检验报告、手术及麻醉记录、病理资料、护理记录、医疗费用等病历资料。"第58条规定："患者有损害，因下列情形之一的，推定医疗机构有过错：（一）违反法律、行政法规、规章以及其他有关诊疗规范的规定；……（三）伪造、篡改或者销毁病历资料"。住院病历系判断医疗机构所实施的诊疗活动是否合法、规范，是否履行诊疗义务的重要依据。医方实习医务人员在诊疗活动终结、患者死亡后修改创建电子病历，未经过本医疗机构合法执业的医务人员审阅、修改并予电子签名确认，未保存历次修改痕迹、标记准确的修改时间和修改人信息，违反法律、行政法规、规章的规定。被告向鉴定机构提交修改后的纸质打印病历进行鉴定，病历资料不真实，有可能导致鉴定意见的不客观、不真实。故依法应推定医疗机构有过错，医方应承担赔偿责任。

（二）病历不真实导致鉴定意见不能被采信

如果医方提交的病历不真实，则不能作为鉴定依据，因此，对诊疗活动与患者的死亡是否具有因果关系、是否存在医疗过错等待证事实已无法再进行鉴定，在不真实病历基础上作出的鉴定结论也是不可靠的，不能被采信，依据《中华人民共和国侵权责任法》等相关规定，医方应对患者的死亡承担全部赔偿责任。

（刘瑞爽）

No. 29
因"胆管炎"行手术后死亡一例

案情介绍

患者，男，73 岁。三十余年前因"胆囊结石伴胆囊炎"行"胆囊切除术"，六年多前因胆总管结石行"胆总管切开取石术"。一年多前患者出现上腹痛及畏寒发热，两天前再次出现上腹疼痛，伴有后背放射痛，伴发热寒战，无腹泻，无胸闷气急，于 2013 年 10 月 7 日入院。体格检查：体温：37.0℃，脉搏：88 次/分，呼吸：17 次/分，血压：95/50mmHg。周身皮肤及双侧巩膜稍黄染。专科检查：腹平，右上腹见一陈旧性手术疤痕。无腹壁静脉曲张，未见肠型、蠕动波。腹软，上腹可及压痛、无反跳痛，无肌卫，未及异常包块，肝、脾肋下未及，Murphy's 征阴性。全腹叩诊呈鼓音，肝、肾区无叩击痛，移动性浊音阴性，肠鸣音 4次/分。10 月 7 日腹部彩超：胆囊切除术后，肝内外肝管结石。10 月 11 日 MRI：（1）肝内胆管多发结石、胆总管多发结石伴肝内、肝外胆道系统扩张，肝左叶萎缩；（2）胆囊切除术后改变，胆囊管囊状扩张伴胆囊管内结石；两肾多发囊肿。

2013 年 10 月 16 日行"左半肝切除＋胆总管切开取石＋T 管引流术"，术中切开胆总管，取出多枚结石，置入胆道镜见左肝管狭窄，内有多枚结石，再行左半肝切除。患者术中出血较多，术毕转 ICU 监护治疗，后行抢救无效死亡。

争议焦点

患者家属认为医院在诊治过程中存在严重过错，造成患者死亡。双方主要争议焦点如下。

患方认为：（1）手术操作中存在问题导致大出血；（2）术前准备不充分，对手术出现的高风险准备不足，抢救不力。

医方认为：（1）手术时探查发现胆总管多枚结石，最大直径约 3cm，胆道镜探查发现左肝管严重狭窄，内有大量结石，无法网篮取石，同时左肝萎缩伴纤维化，表面也能扣及多个结石，结合核磁共振及临床病史，决定行"左半肝切除术"。术中在解剖肝内血管时出血，抗休克的同时进行止血。（2）术前准备充分，由于患者长期肝胆管结石所致纤维化及数次手术史，肝脏血管结构不清，大量交通支形成，行断肝时出血，在大量输注库血抗休克同时积极外科止血，关腹前患者创面已无活动性出血，但由于凝血功能障碍，致弥散性血管内凝血形成，术后出现心肺功能衰竭，最终导致抢救无效死亡。

鉴定结论

该案例未进行鉴定和诉讼，由医患双方协商解决。

分析评论

（一）关于诊断

本例患者因反复上腹胀痛伴有畏寒发热 1 年，加重两天，于 2013 年 10 月 7 日入住××医院，腹部彩超：胆囊切除术后、肝内外胆管结石，入院初步诊断：（1）急性胆管炎；（2）肝内外胆管结石；（3）胆总管切开取石术后；

（4）胆囊切除术后。2013 年 10 月 17 日手术后经抢救无效死亡，医方分析认为因手术出血导致失血性休克，其诊断正确。

（二）关于治疗

1. 保守治疗无效后行手术符合诊疗原则

对于患者所患的胆管炎、肝内外肝管结石，目前医学上的治疗原则为祛除病灶，解除梗阻，取尽结石，通畅引流治疗为先，后行手术治疗。患者入院后经 1 周抗感染、解痉止痛、保肝保守治疗无效后选择手术治疗，患方同意后实施手术，诊疗不违反诊疗规范。

2. 术前准备不足

患者凝血机能检查为手术 7 天之前所做，难以准确反映术前的真实情况。从 10 月 8 日的各项常规检查看，纤维蛋白原 4.920（2.000 ~ 4.000g/L）、D - 二聚体 0.99（0.00 ~ 0.50μg/mL）、总胆红素 22.1（3.5 ~ 20.5μmol/L）、直接胆红素 11.1（0.0 ~ 6.8μmol/L）、C - 反应蛋白 149.2（0.0 ~ 10.0mg/L）均有所升高；入院经 1 周抗感染、解痉止痛、保肝保守治疗后未对上述重要指标进行复查。

肝内胆管结石病的治疗到目前为止仍是国际性难题，主要的外科治疗包括：胆管切开取石术，肝部分切除术，胆管狭窄修复重建术，肝移植术。单纯手术取石及胆肠吻合具有一定局限性。肝切除术不仅能清除肝内结石，而且能切除病变的胆道，包括狭窄，纤维化和潜在癌变的胆管，因而能降低肝胆管结石的复发风险，是肝胆管结石病的最有效治疗方法之一。然而，医方的手术同意书上只是提及"必要时行左肝叶切除术"，但在术前讨论、术前小结中未对左肝叶切除术的手术风险做详细的评估及预案，对术中出现大出血的准备不充分未预备充足的血小板等，表明术前未对手术中可能出现的情况做出全面的预案及准备。

3. 手术过程存在缺陷

根据患者现病史中记载，患者曾经历过"胆囊切术手术"、"胆总管切开取石术"，因此，患者应有较为严重的肝门部组织粘连、解剖困难的问题，且肝脏及其内部管道结构本身就存在较多变异，结石患者的肝脏常常出现变形、转位，合并肝内血管与胆管变异概率更高。另外，由于结石多分布于肝实质深面，通常难于触及，且胆管狭窄位置不定等，增加手术导致肝内重要管道损伤而产生严重并发症的风险，这些风险医方均未充分考虑到。正如术中发现：患者腹腔粘连严重，大网膜与肝脏面致密粘连，十二指肠球部与肝门部粘连严重，肝脏左叶呈萎缩性改变。医方采取"胆总管切开取石 + 左半肝切除"的手术方式符合原则，但由于术前对手术困难预估不足，手术时间延长及术中大出血加重对患者身体的创伤，进而失血性休克导致凝血功能障碍并诱发弥漫性血管内凝血（DIC），最终导致患者死亡。

（三）关于因果关系

由于医方的手术准备不足，手术时出现大出血时未能及时地控制出血，大量输注库存血和手术创面的增大加重了患者肝功能障碍及凝血机制障碍，术中大出血导致失血性休克，并诱发弥漫性血管内凝血（DIC），最终导致病情恶化。

综合各方面因素考虑，医方的手术准备不足、术前对手术困难预估不够、手术过程存在欠缺等医疗过失是造成患者术后短时间死亡的主要原因。

本案例应该进行深刻反思，总结经验教训，防范类似的医疗纠纷再次发生。以下两点非常值得广大临床医务人员研究借鉴：

1. 加强围手术期管理，认真做好术前评估、术前准备及预案，针对具体病人加强针对性检查。本例术前未对患者肝功能及凝血机制异常的指标进行进一步检查，也没有对左半肝切除手术进行详细的术前讨论、术前小结，且很多实验室检查都是术前 1 周做的，这些在客观上加大了手术的风险，从而导致了术中出现难以控制的局面。

2. 加强医患沟通，完善病历书写。医方术前的准备不足导致与患方的沟通中未能将严重的手术风险予患方详细的告知，在手术同意书上只有"必要时行左肝叶切除术"，术中进行左半肝切除术时未与患方再次签字确认，导致医方存在严重缺陷。

（叶传禹）

No. 30
ERCP + EST 取石术后并发十二指肠穿孔一例

案情介绍

　　患者，女，66 岁。2011 年 9 月 23 日，因 B 超提示"慢性胆囊炎伴胆囊结石、胆总管结石"到 × × 医院就诊，完善相关检查后，于 9 月 26 日行 ERCP + EST 取石术。术后患者出现全腹持续性胀痛，分别于 19：30、次日 3：30 予以氯诺昔康针镇痛处理。9 月 27 日查房时，全腹压痛明显伴反跳痛，血淀粉酶 1300U/L，院方考虑"急性胰腺炎或胃肠穿孔"，当日 11：00，在全麻下行剖腹探查术，术中未发现明显穿孔部位，行腹腔清创引流 + 胆囊切除 + T 管引流 + 胃空肠造瘘术。术后，患者高热持续不退，体温 ＞ 38.5℃。经院内外专家会诊后，考虑 ERCP 术后十二指肠穿孔。10 月 4 日，在患者家属要求下，转入上海某医院继续治疗。

　　2011 年 10 月 8 日，患者在上海某院行"腹腔清创引流术 + 末端回肠造口术"。术中见腹腔内大量脓液，原胃造瘘口裂开，有胃液渗出，空肠造瘘口未与腹壁固定，右结肠旁沟、侧腹壁、肾前脂肪大量坏死，原 T 管引流处周围组织泛黄，怀疑胆漏，肠系膜大量坏死。术后抗感染、引流管冲洗引流等治疗。2012 年 4 月 20 日出院后，回原就诊医院继续治疗，恢复情况较好。

争议焦点

2011年10月，患者将××医院诉至某市医疗纠纷理赔处理中心，认为：（1）患者 ERCP 术后发生十二指肠穿孔，医方对病情重视不足，在患者明确表示腹部疼痛的情况下，当班医师未予检查，而直接使用止痛药，掩盖了病情，导致了重症腹膜炎和重症胰腺炎；（2）术后发生十二指肠穿孔后，再次手术不够及时，延误了患者的最佳治疗时机，导致患者多次手术的后果，加重了患者的损害；（3）医方的诊疗行为与患者损害后果之间存在因果关系。

被告××医院则辩称：对该患者的诊疗符合规范，不存在医疗过错，医方的诊疗行为与患者损害后果之间不存在因果关系，不应承担赔偿责任。

总结医患双方各自观点，争议焦点主要有二：（1）患者 ERCP 术后发生十二指肠穿孔，医方对病情重视不足，违规使用镇痛药物，掩盖了病情，导致了后续的重症腹膜炎和重症胰腺炎，是否存在医疗过错？（2）术后发生十二指肠穿孔后，未及时进行手术修补，医方的行为是否存在过错？如果存在，患者的损害后果与医方的医疗过错行为之间的人身损害后果等级及责任程度如何判定？

鉴定结论

在某市医疗纠纷理赔处理中心引导下，经医患双方申请，某市医学会就本案进行了医疗事故技术鉴定。鉴定结论为：

1. ××医院在医疗诊疗过程中存在医疗过错，该等医疗过错与患者损害后果之间存在因果关系，医方应承担次要责任。

2. 参照中华人民共和国卫生部令第 32 号《医疗事故分级标准（试行)》，本例构成三级戊等医疗事故。

分析评论

（一）是否存在 ERCP + EST 取石术的手术指征

根据患者主诉及胆石症病史，结合查体及辅助检查"B超提示胆囊炎、胆囊结石，胆总管内强光斑（多发结石可能)"等，医方诊断"慢性胆囊炎伴胆囊结石，胆总管结石"成立，存在 ERCP + EST 取石的手术指征。根据病史记载，医方已告知该手术风险及可能出现的手术并发症，并提供可选择的其他方式，患方选择该手术方式并签字，手术告知及术式选择未见违规。术后患者出现全腹胀痛的症状，经剖腹探查手术指征明确，术前告知充分，术中及术后处理符合医疗常规。

（二）术后出现腹部胀痛时，使用镇痛药物，导致了后续的重症腹膜炎和重症胰腺炎，是否存在医疗过错

在 ERCP 术后当晚，患者出现腹部胀痛时，医方未予以足够重视，未及时进行必要检查（如腹部 CT、血淀粉酶等)，未及时发现术后并发十二指肠穿孔、急性胰腺炎等情况，应用镇痛药物处理欠妥当，存在过错。上述过错行为在一定程度上延误了诊治，与患者损害后果之间有相关性，医方应承担次要责任。

ERCP 经过 30 多年的不断发展和完善，已成为诊治肝胆胰疾病不可缺少的重要手段。但无论是诊断还是治疗性 ERCP，均是微创或有创性技术，其并发症的发生在一定程度上是难以避免的，少部分并发症甚至是致命性的。该患者 ERCP 后出现高淀粉酶血症和胰腺炎，是由于胰腺实质受损引起的，这也是 ERCP 最常见的并发症。

　　十二指肠穿孔多发生于 EST 手术后，与乳头小、切开过大、切开方向偏离、乳头旁憩室及毕 Ⅱ 式胃切除术后有关，偶可发生于插镜过程中出现的食管胃十二指肠穿孔。EST 后穿孔的首发症状是上腹疼痛，可向背部放射并逐渐加剧，但因穿孔在后腹膜，早期诊断的确十分困难，很难与继发性胰腺炎鉴别，腹部平片价值不大，腹部 CT 却可较特征性地显示十二指肠周围积液和后腹膜积气，但正常者不能排除穿孔，且 ERCP 后也可并发后腹膜积气，因此对临床疑有穿孔者重复 CT 检查作动态观察是很有必要的。在此案例中患者 ERCP 术后当晚出现腹部胀痛时，未及时行必要检查（如腹部 CT、血淀粉酶等），未及时发现术后并发十二指肠穿孔、急性胰腺炎等情况，医疗过错源于对病情观察不够仔细，对病情变化不够重视，单纯使用镇痛药物掩盖了病情变化的特征，延误了对最佳手术时机的判断，一旦确诊食管、胃、十二指肠和胆总管穿孔，均需紧急手术。

　　为了尽可能减少 EST 后穿孔，EST 时应逐渐、多次切开，不要暴力切割；确实存在困难者，不要勉强取石，而应开放手术治疗。在此也建议医疗机构加强对外科术式选择和并发症处置的相关业务培训，做好不良事件的处置预案，严格遵照执行。

（楼　尉）

No. 31
胰十二指肠切除术后并发持续腹腔内出血一例

▋▋ 案情介绍

　　患者，男，63 岁。2012 年 11 月 19 日，因"体检 B 超发现胰头肿物半月"到××医院就诊，经上腹部增强 CT 检查，初步诊断为"胰头占位"。

　　2012 年 11 月 21 日，行"胰十二指肠切除术"，术后当日，胆肠吻合口引流管及左肝下腹腔引流管各引出淡血性液体约 50mL，术后第 2 天，患者 HR 达 130 次/分，急查血红蛋白，105g/L，医方考虑不能排除腹腔渗血可能，予以止血对症治疗。

　　2012 年 11 月 23 日，患者左肝下引流管引出暗红色血性液体约 500mL，查血红蛋白 78g/L，予以输血治疗。11 月 24 日，患者两根引流管仍有暗红色血性液体引出，血红蛋白 78g/L，继续予以抗感染、输血治疗。11 月 29 日，病理报告示：（胰腺）导管内乳突状黏液性腺瘤，部分区为导管内交界性乳突状黏液肿瘤。12 月 2 日，患者呕血一次，量约 20mL，三腔喂养管引流出暗红色血性液体，左肝下引流管引出血性液体约 850mL，予急诊胃镜检查，术中见输入祥残胃大量血凝块，胆肠吻合口附近可见血痂，冲洗后未见活动性渗血，输出祥未见血凝块。医方考虑胰肠吻合口漏伴出血，当日因家属要求转上海某医院就诊，出院诊断：胰头部腺瘤，胰十二指肠切除术后出血，胰漏。

2012 年 12 月 6 日，在上海某医院行"清创止血术＋胆肠吻合口重建术＋胆道外引流术"。12 月 17 日，因三腔引流管引出 200mL 鲜血，再次在 DSA 下行右肝内动脉分支栓塞止血，经治疗患者病情好转于 2013 年 2 月 9 日出院返家康复。

争议焦点

2013 年 2 月 19 日，患者将××医院诉至某市医疗纠纷理赔处理中心，认为被告××医院在诊疗过程中不认真履行法定义务，其医疗过错行为直接导致患者严重损害后果：（1）医方手术不当导致术后出血；（2）患者发生术后出血症状时，治疗不及时，未及时予以再次手术，延误治疗，加重了患者病情，增加了患者的痛苦。

被告××医院则辩称：（1）对该患者的诊疗符合规范，手术指征明确；（2）术后出血为患者年龄较大，术后吻合口愈合较慢所致，不存在明显的过错。

总结医患双方的争议焦点，主要为：（1）医方手术操作是否规范？（2）手术后出现腹腔内出血征象时，处置是否及时得当？患者的吻合口漏伴出血，究竟是手术并发症，还是医方行为造成的损害后果？医方的行为是否存在过错？如果存在，患者的损害后果与医方的医疗过错行为之间的人身损害后果等级及责任程度又该如何判定？

鉴定结论

在某市医疗纠纷理赔处理中心引导下，经医患双方申请，某市医学会就本案进行了医疗事故技术鉴定。鉴定结论为：

1. ××医院在医疗活动中存在医疗过错，与患者的人身医疗损害结果存在一定因果关系。医方对患者人身损害结果的责任程度为次要责任。

2. 参照中华人民共和国卫生部令第32号《医疗事故分级标准（试行)》，本例构成三级乙等医疗事故。

分析评论

（一）医方的手术操作及术后处置是否规范

1. 根据患方的主诉、病史、临床症状和体征以及影像学检查，该患者"胰头占位"成立，有手术指征，无手术禁忌证。根据中华医学会《临床技术操作规范普通外科操作分册》第十六章胰腺疾病第三节胰十二指肠切除术，适应证包括：壶腹部癌、胰头癌、胰十二指肠良性肿瘤等。根据术前影像学资料分析，该患者胰头占位，首先考虑为肿瘤（术后病理证实为：胰腺导管内乳突状黏液性腺瘤，部分区为导管内交界性乳突状黏液肿瘤)，故医方予行"胰十二指肠切除术"，手术方式选择符合诊疗规范。

2. 手术后出现出血、吻合口漏，处理是否及时规范。术后患者引流管有较多血性液体引出，11月23日血常规提示：血红蛋白78g/L，血压下降，心率加快，经过药物止血、输血等治疗，血色素上升并稳定，但腹腔引流仍有反复少量血性液体引出。12月2日，突然出现呕血、腹腔引流管引出大量血性液体，胃镜检查提示胃内大量凝血块，医方考虑胰肠吻合口漏伴出血，有再次手术探查的指征。转入上海某医院后，根据上海某院的手术记录可见：腹腔内大量凝血块，分布于原手术创面、右肝后等处；原胆肠吻合口前壁破裂，肝管右侧见一活动性出血灶。根据此手术记录，患者术后腹腔内出血系胆管右侧活动性出血所致，并伴有吻合口破裂，与医方手术有关。由于十二指肠切除术后易发生出血、吻合口漏等严重的并发症，根据记录，医方手术操作符合规范，故认定为手术并发症。术前，医方依照法规，将术后可能发生的并发症（如出血、胆漏等）书面告知患者本人并签字，已尽到告知义务。

综上所述，医方在对患者的诊疗过程中存在如下医疗过错：术后出血的告知不充分；损伤胆管，却在手术记录中未详细记录；补救措施存在瑕疵；术后预防感染、利胆治疗存在欠缺。

（二）人身损害后果等级及责任程度

根据上述病情变化，医方延误了早期有效及时的治疗，术后早期应手术探查止血，存在过错。但在积极药物止血、输血治疗后，患者病情一度趋于稳定，未发生明显的大出血，时间超过 1 周，这一特殊情况影响了医生对病情发展及时正确判断，故医方应承担次要责任。患者目前治疗尚未终结，需进一步诊断治疗，根据目前的情况，参照卫生部《医疗事故分级标准（试行）》，本例构成三级乙等医疗事故。

胰十二指肠切除术是腹部外科最具创伤性的手术之一，术后并发症多，死亡率较高。术后并发症以腹腔内出血和消化道出血最为常见，腹腔内早期出血发生于术后 5 天内，多由于术中止血不彻底或结扎线脱落所致，常发生在胰头钩突部，门静脉、脾静脉修补处。患者高胆红素血症、吻合口漏和腹腔感染是胰十二指肠切除术术后出血的主要危险因素，本例中，吻合口漏和术中止血不彻底，造成了患者持续的腹腔内出血征象。

建议肝胆外科医师在发现腹腔内出血征象时，一定严密观察腹腔引流情况，对出血量大、估计无法自止者应尽早手术探查。建议医疗机构加强对外科并发症处理的培训，做好不良事件的处置预案，严格遵照执行。

（楼　尉）

No. 32
胰瘘并发症处理错误一例

▊ 案情介绍

患者，男，57 岁。因发现转氨酶升高 1 月，黄疸伴皮肤轻度瘙痒感 2 天，于 2009 年 6 月 22 日入 × × 医院治疗。既往糖尿病史，自服药物控制。

入院查体：体温 36.5℃，呼吸 20 次/分，脉搏 68 次/分，血压 120/70mmHg。发育正常，营养中等。全身皮肤轻度黄染，浅表淋巴结未及明显肿大，巩膜轻度黄染。两肺呼吸音清，未闻及干湿罗音。心率 68 次/分，律齐，各瓣膜区未闻及杂音。腹部平软，未触及包块，肝脾肋下未及，无压痛及反跳痛，肝肾区无叩击痛，肠鸣音正常，移动性浊音阴性。双下肢水肿。

腹部 CT + 增强提示：十二指肠占位；胃镜提示：十二指肠乳头占位。

入院初步诊断：（1）十二指肠占位；（2）梗阻性黄疸；（3）糖尿病。拟择期手术治疗。

入院后检查，血常规：WBC 7.15 × 109/L，RBC 4.22 × 1012/L，HB 112G/L。总胆红素 130.30μmol/L，直接胆红素 104.50μmol/L，碱性磷酸酶 580.86U/L，谷丙转氨酶 134.40U/L，谷草转氨酶 81.30U/L。血糖 7.68mmol/L。

6 月 24 日，术前讨论意见：患者诊断十二指肠乳头占位，梗阻性黄疸明确，十二指肠乳头占位为恶性病变可能性大，肝功能异常与胆道梗阻有关，待梗阻解除后应能恢复正常，做好术前准备，限期手术，如术中快速冰冻确诊为良性病变，则行十二指肠乳头肿物切除术＋胰肠吻合术。如为恶性，则行胰十二指肠切除术。术后予抗炎、抑酸、抑制胰液分泌、止血胃肠减压，肠内外营养治疗，并注意控制血糖、维持水电解质平衡，纠正酸碱平衡紊乱，警惕胰瘘、胆漏、胃肠吻合口瘘，腹腔出血等并发症。

6月27日，在全麻下行剖腹探查术，术中见：十二指肠乳头内可及菜花样肿物，绕乳头一周，侵及肌层，致胆总管扩张，直径约2.5cm，胰头处质地稍硬。从十二指肠乳头中钳夹少许组织送病理，提示乳头状腺癌。向家属讲明病情，同意行胰十二指肠切除术。将胰头与十二指肠一并切除；胆囊充满结石，将胆囊切除。以胰肠、胆肠、胃肠吻合顺序排列重建消化道。放置胰引流管，在胆总管与空肠端侧吻合口，放置T管引流，在胆肠、胰肠吻合口下方放置引流管。皮下放置引流管引流，创口逐层缝合。术者为主治医师。

术后予禁食，心电血压呼吸监测，中心静脉压监测，引流管换药护理、抗感染、补液、抑制胰液、胃液分泌药物、肠外营养支持对症治疗。

6月29日，患者精神差，乏力，发热，体温最高达39℃，腹腔引流管通畅引流约10mL，淡红色；皮下引流管通畅引流出1mL淡红色液体；T管通畅引流500mL棕黄色胆汁；胰管引流量1mL。辅助检查报告：血常规：WBC 13.40×109/L，中性86.1%，总胆红素44.7μmol/L，直接胆红素34.14μmol/L，碱性磷酸酶580.86U/L，谷丙转氨酶53.0U/L，谷草转氨酶31.36U/L。继续对症治疗。

7月2日，患者仍发热体温最高达38℃以上，血常规WBC 29.64×109/L。3日腹腔引流出250mL，黄色浑浊液，皮下引流管通畅引流约 2mL，淡黄色，T 管通畅引流约 220mL，金黄色。考虑胰瘘可能，查腹腔引流液淀粉酶。

7 月 6 日，患者体温 38℃，腹部稍膨隆，上腹轻压痛，无反跳痛，腹腔引流管通畅引流出约 800mL 黄色浑浊液，T 管通畅引流出 50mL 淡黄色液体，皮下引流量 120mL，暗红色。复查血常规：WBC20.67×109/L，总胆红素 38.99μmol/L，直接胆红素 30.7μmol/L，谷草转氨酶 23.56U/L，血钾 2.86mmol/L。患者出现胰瘘，但腹部未见腹膜炎体征，腹腔引流液通畅，治疗尚继续抗感染等治疗。

7 月 8 日，腹腔引流物淀粉酶测定 9202.30U/L。

7 月 12 日，T 管造影：胆总管、肝总管、胰腺区及右侧腹壁可见造影剂涂布，结合临床考虑吻合口瘘可能性大，右侧胸腔少量积液。患者体温 38.9℃，脉搏 139 次/分，腹部膨隆，术中见淡红色液体渗出，T 管引流见深黄色液体流出，腹腔引流管见暗红色液体流出。当日在全麻下行剖腹探查术：术中见腹腔大量出血、血块约 1500mL，清除血块后见胰空肠吻合口前壁约 2cm 裂口，有胰液血块渗出。拆除胰空肠吻合缝线，切除胰边缘约 0.8cm，为新鲜创面，再鱼嘴状切除部分胰腺，创面 8 字缝合，寻找到胰管，置入 0.4cm 硅胶导管，另穿口从空肠引出。在距肠边缘约 1cm 处浆肌层与胰腺边缘缝合，边缘与胰腺再次缝合，前壁边缘与胰腺缝合，浆肌层与胰腺缝合套入胰腺。冲洗腹腔，在膈下、盆腔、T 管下方、胰腺上下缘，空肠切开放置造瘘管及引流管，皮下放置引流管。术后转 ICU 治疗。

7 月 18 日，患者腹腔各引流管通畅，左上腹胰管 900mL/日，右下腹 400mL/日，呈棕黄色浑浊，考虑为胰瘘，现病情主要以低钾血症，低钙血症，低蛋白血症，营养差，加强营养支持，反复输白蛋白及血浆，纠正低钾低钙血症，继续抗感染治疗。当日转 ICU 治疗。予下病危，心电血氧监测；引流液培养，床边胸片、超声，检测肝肾功能，电解质，血气分析来抗感染补液、营养支持治疗等。

7 月 22 日，患者腹部伤口渗血较多，引流量较多呈陈暗红色，血红蛋白低 87g/L，低蛋白血症、低钾，感染严重，继续抗感染，查找病原菌，加强止血、输血等治疗。

7 月 26 日 0:30 时，患者右上腹腔引流管、左上腹腔引流管出血，心率 105 次/分，血压 105/70mmHg，与止血处理。

7 月 27 日，胃肠动脉造影检查：胰十二指肠下动脉出血，与栓塞止血。后患者腹腔引流管仍有血性液体流出，腹腔出血不止。肝肾功能持续恶化，贫血、低蛋白血症、低钾、低钙等，保守治疗效果不佳。病情逐步恶化。

8 月 3 日，再次出现腹腔大出血，血红蛋白 51g/L，予止血，扩容补液，气管插管呼吸机辅助呼吸，当日 3:10 时患者出现昏迷，瞳孔对光反射消失，抢救治疗无效，8 月 4 日 3:15 时死亡。死亡诊断：①十二指肠乳头腺癌，胰瘘，消化道出血，低血容量性休克；②肺部感染；③低钾低钙血症；④低蛋白血症；⑤Ⅱ型糖尿病。

争议焦点

患方认为：（1）医院术前准备不足；没有尽到应尽的注意义务，对患者的病情判断有误，延误病情，导致病情逐步恶化；（2）医院手术操作不当，导致术后胰瘘、动脉大出血；没有尽到积极治疗的义务，导致患者病情不断恶化；（3）没有尽到告知义务，侵犯患者知情权和对治疗的选择权。

　　医方认为：（1）医院术前准备充分，术中操作合理，术前详细向家属解释术中可能发生的意外，手术可能的方式及术后可能发生的意外和并发症，家属均表示理解并签字；（2）患者术后出现胰瘘属于该手术难以避免的并发症；（3）考虑术后胰管堵塞，第 5 天予以拔出胰管具有指证；（4）第 2 次手术的直接原因是由于患者腹腔出血，危及生命，手术指征明确，手中放置 10 条引流管符合胰瘘手术常规；（5）医院对患者整个诊疗过程按照常规、规范进行，手术操作合理，未存在违规行为。

鉴定结论

　　患者死后，患者家属对患者术后死亡存在异议，认为医方手术过程中存在过错，导致患者过早死亡，依法向××区人民法院提起民事诉讼，受案人民法院依法对外委托××鉴定机构对本例进行司法鉴定，鉴定结论为：医方在对患者的诊治过程中，对患者的重大手术重视不够，准备不充分，术者手术经验不足，对术后出现的胰瘘处理不及时规范，存在过错，与患者的死亡有一定因果关系，建议过错参与度为次要责任(30%～50%)。

分析评论

　　胰十二指肠切除术是外科复杂程度最大、风险最高、创伤最大的手术，是目前治疗胰头部肿瘤、十二指肠乳头肿瘤的主要手段。手术包括探查、切除和消化道重建 3 个步骤，术后恢复时间长，术后并发症发生率高，尤其是胰瘘，一旦发生，处置困难，死亡率高。因此，对术者的技术水平、医院的护理监护条件以及多科室配合都有很高的要求，要求术前做好充分准备，术中仔细操作，术后加强营养支持、严密监测病情变化等，发现问题及早妥善处理，避免不良后果的发生。

（一）医院医疗行为是否存在过错

1. 患者原发疾病诊断为十二指肠乳头腺癌，Ⅱ型糖尿病。有行胰十二指肠切除术的指征。

患者入院时主要表现为肝功能异常，阻塞性黄疸，十二指肠乳头占位、糖尿病史。医方根据患者病情，行剖腹探查术，并且在术前将术中探查可能发现的情况以及手术方案向家属书面告知，术中快速病理检查证实为十二指肠乳头状腺癌，行胰十二指肠切除术，手术方式选择无不妥。术后出现胰瘘、腹腔感染等，经再次手术，病情改善不明显，最后因腹腔感染严重，严重营养不良、电解质紊乱，腹腔出血、低血容量性休克，多脏器功能衰竭等死亡。

2. 术者资质不足，手术经验欠缺，增加了胰腺术后并发症的风险。

胰瘘等的发生原因复杂，与多种因素相关，术者的经验和手术熟练程度也是重要原因之一。虽然当时国内尚无统一的各级医师手术分类准入标准，但业内有明确的共识的是：术者需具备该类手术经验的高年资外科医生担当。医方在术前讨论时，有多位高级职称医师及科主任参加，虽然医院内部规定该术者（主治医师、科室副主任）可以实施该重大手术，但仅由主治医师作为术者，没有更高年资和有经验的医生配合，重视程度明显不够。虽然医方对患者术后可能出现的各种并发症进行了常规和必要的告知，并经家属签字同意。但从手术过程看，手术实施历时近10个小时，手术记录中记载手术顺利，术中没有大出血等其他意外发生，但显然该手术操作时间过长，提示术者对如此重大手术经验不足，操作不够熟练，增加了术后并发症发生的风险。

胰十二指肠切除术操作复杂，手术风险高、难度大，属于普通外科难度最大、操作技术含金量最高的手术。很多医院和肝胆外科医生都希望开展该类手术，以证明医生和医院的水平。但由于术中创伤大，恢复时间长，术后一旦发生胰瘘、腹腔感染、出血等并发症，处理困难，后果严重，甚至可能导致患者死亡。如果因技术水平不足，护理不到位等，会导致术后并发症发生率高，病死率高，医患纠纷多。因此对于开展该类手术，业内一直呼吁实行技术准入。关于医疗机构手术准入的问题，卫生部 2012 年以"卫生部卫办医政发〔2012〕94 号"颁布《医疗机构手术分级管理办法（试行)》（2012 年 10 月 1 日施行）。该办法规定了各级别医院的各类手术准入标准，但关于各级医师手术准入标准，国内尚未出台相关规定，医疗机构仍各自为政。希望卫生行政主管部门能够尽快出台医师手术分类准入细则，规范手术行为，减少医疗纠纷。

术者为主治医师，其相关手术经验如何，熟练程度如何，医院是否认真了解，是否有能力独立熟练完成该手术，术后发生的情况足以说明医院考核不够严格，术者能力不足。也提醒医疗机构在确定医生手术资质时，应该严格考核，严肃对待。

3. 医方对胰瘘可能导致的严重后果未予足够重视，对胰瘘诊断处理不够及时规范，未及早引流。

在患者腹腔感染持续加重，发热，血象明显增高，腹膜炎症状明显的情况下，也未及早剖腹探查、行腹腔冲洗以及充分引流。由于大量的胰液等破坏了腹腔组织及血管等，至 12 日患者出现腹腔出血，才紧急剖腹探查。此时患者已存在较长时间的弥漫性腹膜炎，大量胰液已造成腹腔组织及血管破坏，腹腔污染严重，病情已较严重，处理困难。

关于胰腺术后常见并发症的预防和治疗，2010年中华医学会外科学分会胰腺外科学组发布的"胰腺术后外科常见并发症预防及治疗专家共识（2010）"提出明确指导性意见。在此之前由于胰腺术后并发症的高发，业内对胰瘘等并发症的诊断和处理原则已有基本共识。胰腺外科术后常见并发症为胰瘘、腹腔感染、腹腔出血等，发病率高，处理困难。因此，术前采取积极预防措施，改善患者一般状况，术中操作仔细，提高手术质量，术后加强营养支持等治疗以预防并发症的发生。外科医生一般对患者术前状况重视不够，容易轻视患者的一些慢性疾病，如患者有糖尿病，大手术后易合并感染以及导致代谢紊乱以及伤口愈合延迟等，未引起医方重视。胰瘘处理的关键在于早期发现，充分引流，胰瘘多合并感染，应积极抗感染，以及对症支持治疗等。该患者术后第2天就发热、血象高，并逐步增高，提示存在感染，医院未仔细分析原因，未行腹腔引流物淀粉酶检查以及腹部穿刺等检查，在术后第6天（7月3日）腹腔引流出250mL，黄色浑浊液，医院考虑胰瘘，同时已合并腹腔感染，仍未及时检查明确诊断：未及时完成腹腔引流物淀粉酶检测、未及时行超声、T管造影等检查判断胰瘘位置等。未予及时采取穿刺置管加强引流、抑制胰液分泌等措施，导致胰瘘、腹腔感染未得到进一步控制，病情持续恶化，至7月12日已合并腹腔出血、病情严重行剖腹探查已过晚，说明医方对患者术后严重并发症，认识不足，重视不够，明显处理不当。临床医生对胰瘘发现处理不及时，是导致胰瘘未能得到有效处置的关键，因为胰液对腹腔脏器的破坏作用强以及胰瘘多合并感染，病情进展快，后果严重，提示临床医生一旦考虑胰瘘应尽快采取措施明确诊断，而且胰瘘的诊断并不困难,目前各种检查措施包括腹腔引流物以及腹腔穿刺物淀粉酶检查，超声、增强 CT、T 管造影等，一般医院都具备,关键在于密切观察，及时发现，规范处置。

4. 再次手术时，医方采取拆除胰肠原缝合线、切除胰边缘再次行胰肠吻合欠妥。

患者术后出现胰肠吻合口瘘，在同时合并腹腔感染情况下应积极引流、加强抗感染，抑制胰液分泌等治疗为主要措施，对引流不畅或合并严重感染可以手术治疗，手术的目的是重新放置引流管，引流感染的积液，为胰瘘闭合创造条件。但医方再次手术时，明显违反外科诊疗规范，腹腔感染伤口即使重新清创缝合，感染灶也难以彻底清除，探查时并未发现有吻合口肠壁坏死等，切除胰边缘再次行胰肠吻合虽暂时修复胰瘘，但由于腹腔感染的存在伤口无法愈合，再次出现吻合口瘘是难免的，而且手术进一步增加患者的创伤，也会导致感染扩散，因此医方术中再次行胰肠吻合是错误的，这是外科基本常识，提示术者专业水平欠缺，希望相关医生引以为戒。患者最终因严重腹腔感染，病情持续恶化，低蛋白血症，电解质紊乱，肝功能衰竭，营养不良，腹腔出血，抢救无效死亡。

5. 对考虑胰瘘的病人，早期未禁食也未予积极抑制胰液分泌的药物不妥。

胰腺术后病人一般常规给予抑制胰液治疗 1 周，合并胰瘘更应积极予生长抑素等抑制胰液外分泌，而医院未按常规治疗，也未禁食，明显不妥。

从《胰腺术后外科常见并发症预防及治疗的专家共识（2010）》发布以来，胰腺外科术后并发症的预防和处理已逐步规范化，该事件虽然发生在专家共识发布前后，但类似事件还有发生是不应当的，希望引起相关医生注意。

（二）关于因果关系与参与度

患者为 57 岁男性，十二指肠乳头癌诊断明确，胰头十二指肠切除是十二指肠癌常用的术式，文献报道术后 5 年生存率达到 25%～60%。医院为患者实施的系经典的胰十二指肠切除术，由于医生经验不足，加之患者有糖尿病，增加了术后并发症发生的风险，患者术后胰瘘发生虽难以完全避免，但医院对患者胰瘘的发现不及时，诊断延误，处理错误，使胰瘘未能得到及早治疗，最终使患者病情未能得到有效控制，病情恶化死亡，上述医疗过错行为是导致不良后果的重要原因。胰瘘如能早期发现，得到积极有效处理，多数预后良好。虽然患者为十二指肠乳头状癌，5年生存期不高，但患者并未死于原发病，而是手术并发症，医院的过失缩短了患者的生存期，因此医院应承担一定的过错责任，建议过失参与度为 30%～50%。

（宋红章）

No. 33

先天性小胆囊误诊行腹腔镜手术致胆管损伤死亡一例

案情介绍

患者，女，55 岁。2005 年 3 月 30 日，因突发性恶心呕吐并伴有轻微腹痛，到当地医院就诊。B 超检查提示为充满型胆囊结石。

因无病床，患者带超声检查报告单到甲医院，该院医生看 B 超报告单后即直接诊断为胆囊结石，办理住院。2005 年 4 月 4 日行全麻下腹腔镜胆囊切除术，术中未发现胆囊，在分离胆囊区大网膜包裹过程中，损伤左肝管，造成胆汁渗出，转为开腹手术。开腹后，在胆囊床发现有 0.6cm×0.8cm 囊性结构并切除，修补左肝管破口，切开胆总管，用一根 5F 细导管术作支架放入左肝胆管内引流。术后病理报告显示为萎缩的胆囊，未发现结石，修正诊断为：先天性小胆囊。4 月 18 日支架造影见胆总管、左右肝管及部分肝内胆管显影清晰，4 月 19 日，拔出引流管及支架管。4 月 20 日，患者出院。

患者出院回家休养，期间总感觉浑身难受，吃不下东西，且身体逐渐变黄，尿液也越来越黄。2005 年 9 月 20 日，到乙医院检查治疗，以"胆道损伤成形术及胆囊发育不全切除术后、梗阻性黄疸"收入院。9 月 21 日，入急诊科，26 日转入普外科。10 月 11 日，行"肝门部胆管切开取石＋胆肠内引流＋U 管引流术"手术。术中见右上腹粘连严重，胃、十二指肠与肝门致密性粘连，肝总管有钛夹致管腔狭窄，其上方有色素性结石，左右肝管开口均有狭窄，扩开后有大量混浊胆汁外溢。术后诊断：梗阻性黄疸，胆道损伤成形术后胆道狭窄，胆道感染，肝功能不全。术后14天，即10月25日，患者突然心慌、头晕、出冷汗，胆管引流出血，23时许转入重症监护室，并下达病危通知书。10月26日早晨，抢救无效死亡。

▌ 争议焦点

患方认为甲医院存在如下医疗过错：（1）医院对患者责任心不强，没有做充分有效的术前检查，把患者的先天性胆囊发育不良误诊为胆囊结石；（2）术前准备不足，对手术中可能出现的情况考虑不周，发现误诊后没有快速应对方案，把患者晾在手术台上，去请外院大夫就诊，原准备两个小时的手术竟进行了7个小时，犯了手术之大忌；（3）手术中打破了患者的胆管，不得不在肝总管内放置支架，增加了患者的痛苦，增加了住院费用，延长了治疗时间；（4）使用钛夹夹住了肝总管的2/3，致管腔狭窄，胆汁混浊流通不畅，造成梗阻性黄疸，埋下了再次手术的隐患。致使患者不得不去乙医院进行治疗。

患方认为乙医院的医疗过错主要有：（1）手术操作不规范，造成术后出现胆道出血这一严重的并发症；（2）术前告知不充分，没有告知可能出现胆道出血这一严重的并发症，侵犯了患者的知情权；（3）患者出现病危后，医院没有给予足够重视，抢救不及时，最终导致患者死亡这一严重损害结果的发生。

甲医院辩称：（1）三甲医院的辅助检查报告互认，我院依据××医院超声报告做出充满性胆结石诊断，符合诊疗规范，不存在过错；（2）腹腔镜下实施胆囊切除手术造成胆管损伤是手术并发症，不可能做到百分之百地避免。

乙医院辩称：我院诊疗行为符合规范，胆道出血为术后不可避免并发症，我院不存在过错，与患者死亡不存在直接因果关系。

总结医患各方各自观点，争议焦点主要有三：（1）甲医院做出充满型胆结石的诊断是否属于误诊，有无过错？（2）患者的胆管损伤究竟是手术并发症，还是医方操作不当造成的损害后果？中转开腹手术及修补手术行为是否存在过错，与患者的胆道梗阻及死亡是否存在因果关系？（3）乙医院的手术操作和抢救行为是否存在不当，与病人胆道出血和死亡是否存在因果关系？

鉴定结论

诉讼中，经医患双方申请，××区人民法院就本案先后依法对外委托××市××区医学会、××市医学会进行医疗事故技术鉴定的首次鉴定、再次鉴定。

区医学会首次鉴定结论为：甲医院在患者的诊疗过程中存在违规事实，且与损害后果间有直接因果关系，故构成三级乙等医疗事故，该院负主要责任；乙医院在患者的诊疗过程中不存在违反法律行政法规、诊疗常规等事实，不构成医疗事故。

市医学会再次鉴定结论为：甲医院的医疗过失是导致患者胆道损伤、胆道狭窄、肝功能损伤的主要原因，构成三级乙等医疗事故，甲医院在患者胆道损伤、肝功能损伤的损害后果中承担主要责任；乙医院的医疗过失在患者死亡后果中只起了轻微作用，构成一级甲等医疗事故，乙医院在患者死亡的损害后果中承担轻微责任。

最终，法院采信市医学会再次鉴定结论，认定：虽然患者在乙医院治疗过程中死亡，但绝大部分原因是患者自身疾病严重所致，而患者自身疾病主要是由甲医院的医疗过错造成，故甲医院应当承担主要责任，赔偿患方医疗费、误工费、丧葬费等各项损失的90%。乙医院应当承担轻微责任，承担其余10%损失，驳回患方死亡赔偿金等其他诉讼请求。

■ 分析评论

（一）对甲医院的诊疗行为和医疗过失的分析意见

1. 术前诊断与术后诊断不一致，存在误诊。

2. 实施腹腔镜手术的过程中，在没有找到胆囊并且发现粘连较重的情况下，没有及时中转开腹，违反了腹腔镜下胆囊切除术的操作常规。

3. 第一次手术时放置钛夹的位置有误。

4. 放置在左肝管内的支撑引流管在术后第15天即被拔出，拔出时间过早。

5. 患者第1次手术后发生了梗阻性黄疸、胆道结石、肝功能损害。

6. 医院的上述医疗过失行为是导致患者胆道损伤、胆道狭窄、肝功能损伤的主要原因。

（二）对乙医院的诊疗行为和医疗过失行为的分析意见

1. 根据患者的病史、症状、体征及辅助检查结果分析，甲医院给患者做出的术前诊断是正确的，实施"肝门部胆管切开取石术+胆肠内引流术+U管引流术"未违反医疗常规。

2. 胆道出血可以发生在围手术期的任何时间。甲医院对患者术后病情观察不仔细，没有及时发现胆道出血，且对失血性休克的抢救力度不够，存在医疗过失。

3. 胆道出血是肝胆手术后难以完全避免的严重并发症，救治难度很大。本例患者死亡主要原因是其自身疾病严重所致，乙医院的医疗过失在患者死亡后果中只起了轻微作用。

综上所述，两家医院在对患者的诊疗过程中均存在医疗过错，且与患者最终死亡存在因果关系。为促进肝胆外科临床技术水平的提高，建议医务人员完善术前检查，规范手术操作，术后密切观察病人，及时采取抢救措施，避免医疗损害的发生。

（唐泽光）

No. 34
胆囊切除术损伤胆总管并胆瘘处理不到位一例

🏛 **案情介绍**

患者，男，42岁。于2008年12月17日因"反复发作性右上腹痛4年，加重3天"入住甲医院。初步诊断为：结石性胆囊炎。

2008年12月19日，行腹腔镜胆囊切除术。

2008年12月21日，患者引流管切口处有胆汁样液体溢出，量约100 mL，给予通畅引流并调整引流管方向及抑制分泌、维持水电解质平衡等处理，引流量继续增多，考虑胆囊切除术后胆汁性腹膜炎，于2008年12月22日行剖腹探查及胆汁引流术，术中见腹腔内有黄色胆汁约500 mL，右肝管外侧有胆汁渗出，考虑为迷走胆管瘘，缝合周围结缔组织。

2008年12月23日，ERCP造影显示：胰管正常，胆总管显示不清。2008年12月24日出院，出院诊断：结石性胆囊炎；胆汁性腹膜炎。

2008年12月24日，患者就诊于乙医院。于2008年12月25日再次行剖腹探查术，术中见胆总管损伤，给予行胆管空肠吻合术，2009年1月30日出院。

2009年9月7日至9月30日，患者就诊于丙医院，给予保肝对症治疗。2009年10月2日患者再次入住乙医院，诊断为：梗阻性黄疸。给予抗炎、保肝及对症治疗。2009

年 10 月 13 日，患者出院。

争议焦点

患者将甲医院诉至人民法院，认为：医方在为患者实施腹腔镜胆囊切除术时，没有尽到充分注意义务，致使在术中损伤患者胆管，造成患者严重肝功能障碍；对手术风险没有履行充分的告知义务。医方应承担主要责任。

被告甲医院辩称：医方严格遵守医疗卫生管理法律、行政法规、部门规章和诊疗护理规范、常规，并向患者及其家属履行了充分的告知义务，不存在医疗过错及过失行为，此病例属于手术并发症，不属于医疗事故。

总结医患双方各自观点，争议焦点主要有三：（1）医方在为患者实施腹腔镜胆囊切除术时是否尽到充分注意义务，对手术风险是否进行了充分的告知；（2）患者胆管损伤、严重肝功能障碍是否是手术后并发症，医方是否应承担责任；（3）医方的诊疗行为是否存在过错？如果存在，患者的损害后果与医方的医疗过错行为之间的因果关系及参与度如何。

鉴定结论

诉讼中，经医患双方申请，受案人民法院就本案依法对外委托医疗事故技术鉴定。

鉴定结论为：医方在对患者的诊疗过程中导致的损害后果构成三级乙等医疗事故，医方承担主要责任。此医疗事故与患者的损害后果之间存在主要因果关系，建议参与度系数值为 55% 左右。

分析评论

（一）医方的医疗行为是否尽到注意义务、是否存在过错

1. 患者 2008 年 12 月 17 日因"反复发作性右上腹痛 4 年，加重 3 天"入院。查体：右上腹肋缘下压痛阳性，莫菲氏征阳性；腹部彩超检查示：胆囊多发结石。医方诊断为结石性胆囊炎诊断成立，患者具备手术适应证，医方采取腹腔镜胆囊切除术符合普外科诊疗常规。

2. 患者胆囊切除术后，引流口处有胆汁样液体溢出，医方采取剖腹探查术（2008 年 12 月 22 日），术中发现胆瘘，但没有发现胆瘘的准确部位，处理不到位，未能达到治疗目的。

3. 2008 年 12 月 25 日，患者在乙医院再次实施剖腹探查术，术中见胆总管损伤，证实医方在腹腔镜胆囊切除术中损伤胆总管，未能尽到注意义务。

4. 病程中患者梗阻性黄疸，肝功能障碍客观存在（2010 年 2 月 19 日肝功能检查异常：谷氨酰转肽酶 1626U/L、碱性磷酸酶 1128U/L、总胆红素 71.90μmol/L、直接胆红素 59.35 μmol/L、总蛋白 93.80g/L、白蛋白 40.1 g/L、球蛋白 54.1 g/L，体检见患者全身皮肤及巩膜中度黄染）。

5. 患者患胆囊炎、胆结石 4 年，且反复发作，本次急性发病就诊，与患者目前的损害后果存在一定因果关系。

综上所述，医方在对患者的诊疗过程中未能尽到注意义务致胆总管损伤，且胆瘘处理不到位，未能达到治疗目的，并造成患者肝功能障碍，胆汁性腹膜炎、梗阻性黄疸。

（二）因果关系及参与度

1. 甲医院在行腹腔镜胆囊切除术中未能尽到注意义务

致胆总管损伤，且没有发现胆瘘的准确部位，处理不到位，未能达到治疗目的，且造成患者肝功能障碍。

2. 患者自身疾病以及"反复发作性右上腹痛 4 年"的病史，既是导致患者行腹腔镜胆囊切除术的原因，也是导致患者目前损害后果的原因之一。

综合考虑，医方的医疗损害与患者损害后果之间存在主要因果关系，参与度系数值为 55%。

（陶 春）

No. 35
肝包虫摘除术后延误胆汁瘘、囊腔窦道治疗一例

■■■ **案情介绍**

患者乌××，女，68 岁。1984 年 10 月 19 日因"上腹部肿块一年半"就诊于××医院，初步诊断为：肝包虫病。

1984 年 11 月 6 日，行"内囊摘除术"，1984 年 11 月 19 日出院。

1996 年 8 月 7 日，患者肝脏 CT 检查示：肝右叶多发性肝包虫囊肿伴囊壁钙化。

1996 年 11 月 28 日，患者因"近一年出现上腹隐痛，有时恶心"第 2 次就诊于医方，初步诊断：肝包虫。

1996 年 12 月 2 日，行"肝包虫囊内坏死组织清除引流术"，术中于囊腔内放置一粗胶管引流，腹腔放置一引流管。12 月 12 日患者出院，医方出院意见为"囊腔引流管过一段时间再拔除"。

1997 年 12 月 22 日，患者因"肝包虫手术后置引流管 14 个月，管周皮肤湿疹样改变"就诊于医方门诊，诊断为：传染性湿疹样皮炎，给予药物治疗。后患者因发热等原因多次就诊于医方门诊。

2001 年 6 月 27 日，患者因"胆汁反复引流五年"就诊于医方，初步诊断：肝包虫术后胆汁瘘。

于 2001 年 7 月 19 日，行"肝右叶包虫残腔部分切除，大网膜填塞，双套管引流，胆总管切开取石、T 管引流，肝

下、右腋下胶管引流术"。

2001年8月8日出院。后患者又因右腹痛多次就诊于医方及北京××医院门诊，给予冲洗腹腔及药物治疗。

2011年12月28日，患者因"肝包虫术后9年，脓肿7天"入住医方普外科，经查体及相关辅助检查后诊断为：肝包虫术后肝脓肿。

2012年1月12日，行"皮下窦道切除引流术"，2012年2月6日出院，出院诊断：肝脓肿。

2012年4月18日，以肝脓肿形成皮下窦道再次入院，肝功能检查未见明显异常。医方给予换药及药物治疗后，病情未见好转，建议去往北京治疗，2012年4月24日患者出院，出院诊断：肝脓肿形成皮下窦道。

争议焦点

2013年5月，患者将××医院诉至人民法院，认为：（1）医方在1996年为患者行肝包虫摘除术时未将肝包虫内囊彻底摘除，术后在未拔出引流管的情况下让患者出院，且未向患者及家属告知引流管的基本护理和注意事项；（2）患者复查时医方未对患者放置的引流管行正确有效的处理，亦未向患者及家属告知相关治疗方法，使引流管放置时间长达5年之久，延误了治疗时机；（3）医方的上述过失行为致使患者出现胆汁瘘及形成囊腔窦道，使得患者行多次手术治疗后仍未痊愈，医方应承担全部责任。

被告××医院则辩称：（1）医方在整个诊疗过程中诊断正确，采取的手术方式得当；（2）患者术后出现胆汁瘘、肝脓肿、肝包虫囊壁坚厚不易塌陷，残腔长期存在以及引流管长期不能拔除都是手术后难以避免的并发症，医方在术前已向患者告知，患者表示理解并签字；（3）患者多次在医方住院进行治疗，医方均积极给予诊治。故医方在整个诊疗过程中未违反任何诊疗护理规范、常规，无需承担责任。

总结医患双方的争议焦点，主要有四：（1）医方在整个诊疗过程中，是否符合医疗护理操作规范；（2）患者术后出现胆汁瘘、肝脓肿、肝包虫囊残腔长期存在以及引流管长期不能拔除究竟是手术并发症，还是医方行为造成的损害后果；（3）医方是否向患者及家属告知引流管的基本护理和注意事项；（4）患者的损害后果与医方的医疗行为之间的因果关系及参与度如何。

鉴定结论

诉讼中，经医患双方申请，××中级人民法院法庭科学研究中心就本案依法对外委托司法鉴定。鉴定结论为：××医院对患者诊疗过程中导致的损害后果构成四级医疗事故，医方承担次要责任。建议参与度系数值25%左右。

分析评论

（一）医方的医疗行为

1. 根据患方的主诉、病史、临床症状和体征以及 B 超结果，医方诊断为肝包虫成立。

2. 医方采取肝包虫囊内坏死组织清除引流术，根据医方手术记录记载"在肝组织最薄的地方用粗针刺入抽出混浊性深黄色液"，"包虫内容物为豆腐渣样，深黄色"，证明患者存在肝包虫继发感染坏死，医方在包虫囊腔内注入95%酒精灭活虫体，在处理过程中用纱布保护周围组织，并给予留置囊腔引流管及腹腔引流管，对感染的预防和治疗具有积极作用，医方的处理方法符合普通外科诊疗常规，尽到了相应的诊疗义务。

3. 患者 2012 年 4 月 19 日肝功能检查正常，此次鉴定会现场体检过程中询问患者饮食、二便基本正常，体重无明显改变，皮肤、巩膜无黄染，不存在明显的器官损害及功能障碍。

（二）因果关系及参与度

1. 根据患者 1996 年 8 月 7 日腹部 CT 片（片号：7804），患者肝包虫囊腔壁较厚，存在钙化，且合并感染，行肝包虫囊内坏死组织清除引流术后囊腔塌陷愈合的难度较大，医方给予放置囊腔引流管正确，但患者 1996 年 12 月 13 日出院后至 2001 年 6 月 27 日再次就诊于医方并行"肝右叶包虫残腔部分切除，大网膜填塞，双套管引流，胆总管切开取石，T 管引流，肝下右膈下胶管引流术"期间，患者多次就诊于医方门诊，医方均未给出进一步的诊疗计划及建议，对患者胆汁瘘及窦道形成的治疗有一定延误。而患者自身疾病的特殊性亦与其胆汁瘘及窦道形成有一定因果关系。

2. 医方管理存在缺陷（1996 年）。该患者非急危重症患者，医方急诊科在收入院后应视具体情况将患者及时转入专科病房行相应治疗，但为该患者施行手术的主治医师为普通外科专科医师，故医方管理上的缺陷与患者目前情况无因果关系。

鉴于医方行"肝右叶包虫残腔部分切除术"后，患者虽多次就诊于医方，但医方均未给出进一步的具体诊疗计划及医疗建议，故对患者胆汁瘘及窦道形成的治疗存在一定的延误。而患者自身疾病的特殊性亦与其胆汁瘘及窦道形成有一定因果关系。故医方的过失与患者损害后果之间存在次要因果关系，建议参与度系数值为 25% 左右。

（陶　春）

No. 36
胆囊切除术中损伤胆管并发胆汁漏、胆道梗阻死亡一例

▮▮ 案情介绍

患者，女，47岁。2009年11月25日，主因"间断性右上腹疼痛7天"到甲医院就诊，被诊断为胆囊炎，胆囊结石，银屑病，双侧股骨头坏死。11月30日，行"腹腔镜转开腹胆囊切除术"，术后出现胆汁外漏。于12月11日行"腹腔探查引流术"，术后出现恶心呕吐，给予相关对症治疗，不见好转，逐渐出现意识障碍，遂转入上级医院乙。出院诊断：胆囊炎，胆囊结石，胆囊切除术后胆汁外漏，银屑病，双侧股骨头坏死。

2010年1月8日，主因"胆囊术后1月余，发热10余天，纳差，呕吐1月"就诊乙医院，入院后予以完善检查，改善营养供应，促排气、排便，导泻、灌肠，并保肝治疗，患者神清淡漠，不能对答，于1月11日突发血压下降，予以升压抢救后，生命体征平稳，于1月12日出现肢体抽搐，急请神经内科会诊，认为癫痫发作，肝性脑病不除外，后反复进行2次全院大会诊，认为患者颅内感染不能除外，经全院讨论后予以抗病毒、激素、抗炎、平衡酸碱及电解质紊乱，补充营养等治疗。于2月2日行腰穿检查，脑脊液未见异常，调整治疗后积极平衡酸碱失衡、电解质紊乱，后患者生命征平稳。于2月6日17：50突然出现面色苍白，呼之不应，双眼上翻，予以简易呼吸机辅助呼吸，心外按

187

压，予以呼吸兴奋剂，心三联，多巴胺抢救药反复入壶；维持生命征，并气管插管，呼吸机辅助呼吸，转入 NICU 治疗。后于 2 月 8 日 5：06 再次出现心跳骤停，予以积极抢救后，心跳未恢复，于 2010 年 2 月 8 日 6：20 宣布临床死亡。死亡原因：多脏器功能衰竭。死亡诊断：（1）胆囊切除术后、胆瘘，腹腔引流术后；（2）意识障碍：代谢性脑病，病毒性脑炎不除外；（3）Ⅱ型呼吸衰竭；（4）酸碱平衡失调；（5）电解质紊乱；（6）泌尿系感染；（7）心跳骤停，心肺复苏后，多脏器功能衰竭；（8）银屑病；（9）双侧股骨头坏死术后；（10）低颅压。

争议焦点

患方于 2010 年将上述两家医院起诉至人民法院，认为两家医院均存在医疗过错，与患者死亡有因果关系。

针对甲医院，患方认为：（1）胆囊结石手术患者死亡不能接受；（2）甲医院"5000 元包干"治疗胆囊炎、胆囊结石，术前承诺是腹腔镜胆囊切除，术中因胆囊被网膜包裹，周围呈炎性水肿而转开腹，与术前告知因器械故障而转开腹不符，术中亦未重新签署知情同意书，故存在未予告知的过错；（3）术后患者腹部疼痛发展到持续一周的恶心、呕吐、腹部压痛，直到术后十几天才行彩超引导下穿刺，并抽出褐色液体 600 毫升，并于当日进行了腹腔探查手术，对手术后并发症的处置不够及时；（4）患者出现意识障碍后才予转院治疗，延误病情。

针对乙医院，患方认为：没有查明患者的疾病，让患方自带被院方抽取的脑脊液到外院进行神经病毒九项检验，检验结果阴性，住院期间主要的治疗就是"营养治疗"，缺乏针对性，直到死亡也没有明确的诊断。

甲医院辩称：诊断明确，手术指征具备，胆汁漏属于手术并发症，术后处置积极，负责联系转院事宜。

乙医院辩称：（1）患者术后呕吐、意识模糊障碍来院，医方积极完善常规检查未见明显异常，继续头颅 CT、血胺、肝部 MRI 检查、脑电图、头颅 MRI、X 线、超声等检查，也积极行血气、心电图、血常规、生化、培养等常规检查监测病情。临床综合考虑颅内感染可能性大。临床诊断和思路符合医疗常规和规范，并不存在临床误诊。入院后给予保肝、抗病毒、抗菌、激素等治疗。（2）患者来院病情危重，其死亡是原有疾病所致，与我院无关。（3）现代医学水平发展有限，临床上不是素有疾病都能明确诊断，不能以此评判医疗行为有过错。

总结医患双方争议焦点，主要有三：（1）医方由镜切转为开腹是否符合医疗护理操作规范？是否应当重新签署知情同意书；（2）胆囊切除术操作是否符合诊疗规范？（3）术后并发症的治疗是否符合诊疗规范。

▍鉴定结论

诉讼中，经医患双方申请，××区人民法院就本案依法对外委托司法鉴定。鉴定结论为：甲医院对患者的治疗行为存在医疗过错，其过错与患者的损害后果之间存在主要因果关系，建议参与度系数值为 75%。乙医院对被鉴定人的治疗行为存在医疗过错，其过错与患者的损害后果之间存在次要因果关系，建议参与度系数值为 25%。

▍分析评论

（一）医方的诊疗行为是否存在过错

1. 患者有右上腹痛病史，临床检查右上腹压痛，墨菲征阳性，B 超提示胆囊结石、胆囊炎改变，据上述病史、临床表现，甲医院诊断胆囊炎、胆囊结石明确，具备适应证，术前检查无手术禁忌证，行腹腔镜手术胆囊切除不违反诊疗常规。术中探查见胆囊体增大、壁厚、炎性水肿明显，并与网膜组织粘连，可触及胆囊内充满结石了，进一步证实了胆囊炎、胆囊结石的诊断正确。

2. 腔镜胆囊切除术中由于病变、解剖变异或技术因素必须改行开腹手术处理者称为中转手术。中转开腹手术不是腹腔镜手术的失败，而是确保患者安全，减少手术失误，减少并发症和保证手术质量的重要措施和明智之举。故本例甲医院术中探查见胆囊被网膜包裹，遂转开腹不违反诊疗常规。但甲医院就由腹腔镜转为开腹手术具体事由术前、术中未予告知，视为过错。

3. 胆管损伤是胆囊切除术后胆汁漏的主要原因之一，是手术的严重并发症。发生原因除胆管解剖变异、胆囊三角处炎症、粘连、瘢痕形成所致解剖结构紊乱外，主要是术者过于自信，或操作粗暴，或经验不足所致。甲医院术中描述了胆囊被网膜包裹，提示存在胆囊暴露困难，且损伤胆管的可能，但手术记录对胆囊分离操作记录简单，对胆囊三角区的情况未予探查，胆囊切除后亦未检查胆囊床和胆囊三角有无溢胆，且未留置腹腔引流管，提示对胆管损伤的认识及预防不足，视为过错。

4. 甲医院发现胆汁漏后行腹腔探查引流术，术中没有探查肝总管及胆总管等，未积极寻找胆汁漏原因，视为过错。术后拔管指征不明确，在拔管前没有确认有无胆汁漏的情况等，视为过错。

5. 甲医院对胆管损伤认识不足，术后检查不完善，诊断不明确，对病情造成延误，视为过错。

6. 患者在乙医院入院后实验室检查胆红素、肝转氨酶、碱性磷酸酶等均升高，B 超、CT 显示肝管、肝内胆管扩张，MRCP 显示中上段胆总管闭塞，提示存在高位胆管损伤。

7. 乙医院针对高位胆管损伤的治疗不够积极，在病情允许的情况下，未及时针对病因进行治疗，视为过错。

（二）因果关系及参与度

1. 本例未行尸体解剖，确切病理死因不明。据目前现有病史资料，患者系胆囊切除术中损伤胆管并发胆汁漏、胆道梗阻致多器官功能衰竭死亡。

2. 甲医院手术没有尽到谨慎的注意义务，没有对胆总管进行探查和保护，与胆管损伤有直接因果关系，同时，对胆管损伤认识不足，未能够明确病因，治疗不足，延误病情。因此，甲医院的过错与患者最终死亡有直接因果关系，应承担主要责任。

3. 乙医院在明确诊断高位胆管损伤后未针对病因积极治疗，延误病情，错过了挽救时机，与患者最终死亡有间接因果关系，应承担次要责任。

胆管损伤是胆道手术的严重并发症，积极预防医源性胆管损伤的发生极其重要：第一，术者应加强责任心，要认真对待每一次胆囊切除手术，切不可掉以轻心。第二，术中要保持术野良好显露，分离胆囊时应循序渐进，且不可急于求成，结扎切断胆囊管前要认清胆囊管、肝总管和胆总管三者的解剖关系，切除胆囊后应再次确认三者的关系。第三，切除胆囊反复仔细检查胆囊床和胆囊三角区创面有无溢胆和出血。第四，胆囊切除术后短期内出现黄疸、腹膜炎、难以愈合的胆汁漏，均要怀疑胆管损伤的可能，应及时进行检查，明确诊断，及时处理，且不可抱有侥幸心理，用其他病变解释。第五，胆囊或 Calot 三角周围粘连，分离确有困难或怀疑有胆管损伤的，建议常规放置腹腔引流管。

（闫晓宝）

No. 37
肝囊肿开窗引流术后胆汁漏继发腹腔感染死亡一例

■ 案情介绍

患者，女，73 岁。患多囊肝、多囊肾 35 年余，半年前无意间发现脐部肿物，当时约 1cm。肿物于站立、长期行走后出现，平卧或用手可回纳。无腹痛、腹胀、便秘、恶心、呕吐等不适。未予诊治。2 个月前肿物渐增大，现 3cm 左右。肿物突出后感局部疼痛，仍无腹痛、腹胀等不适。

2009 年 12 月 25 日，主因发现脐部可复性肿物半年余就诊 ×× 医院。入院诊断：脐疝，多囊肝，多囊肾，高血压病。

2009 年 12 月 31 日，行"腹腔镜探查，腹腔镜巨大肝囊肿开窗引流术，脐疝修补术"。

2010 年 2 月 3 日，行 B 超引导下右叶肝脏巨大囊肿穿刺术，引流出 1500 毫升液体（1000 毫升绿色黏稠样液体，500 毫升深褐色液体），术后腹腔引流管内引流液一致较多，平均 2000mL/d 左右，最多时可达 3800mL，并伴有胆红素明显升高，肝功能异常，给予相应的支持对症治疗，但效果不明显，腹腔引流液未见明显减少，后患者出现深部真菌感染及腹腔感染，给予抗感染治疗，患者病情加重，于 2010 年 2 月 19 日死亡。

争议焦点

2010 年，患方将××医院诉至人民法院，认为被告医院在诊疗过程中不认真履行法定义务，其医疗过错行为直接导致患者严重损害后果：（1）对手术风险预见不足，没有考虑到患者死亡的风险。（2）对囊肿处理经验不足。（3）患者术后每天腹腔引流约 2000mL，没有处理。（4）患者一般情况好转时，有再次手术条件，医院没有及时手术。

医方辩称：（1）患者病情诊断明确，有手术适应证，无手术禁忌证，手术合理。（2）术前向患方履行了充分的告知义务，并取得患方签字同意。（3）术后密切观察病情，及时发现感染，积极采取各种治疗措施，并多次针对患者病情的变化，组织专家会诊。（4）患者的死亡与医方的诊疗行为不存在因果关系。

总结医患双方各自观点，双方争议焦点主要有二：（1）术前评估及告知是否充分；（2）术中、术后针对并发症处理是否符合规范。

鉴定结论

诉讼中，经医患双方申请，受案人民法院就本案依法对外委托司法鉴定。鉴定结论为：患者因术后胆汁漏继发腹腔感染致感染性休克死亡，医方诊治过程中存在一定不足，并与其死亡有一定相关性，应承担一定责任，建议参与度 50%。

分析评论

（一）医方诊疗行为是否存在过错

1. 据患者的病史、临床症状及体征，同时结合影像学检查结果，脐疝、多囊肝、多囊肾、高血压病诊断正确，具备适应证，采取的手术方式得当。

2. 术后并发胆汁漏、感染属手术难以完全避免的并发症，医方术前履行了相关的告知义务，但对死亡可能的风险未予告知，告知不充分，视为过错。

3. 医方对术中可能及术后发生的胆汁漏的认识不足，术后引流液化验证实为大量胆汁漏，医方处理不够积极。

（二）因果关系

1. 本例未行尸体解剖，病理死亡原因不能明确。据现有病史资料，患者符合术后胆汁漏继发严重的腹腔感染致感染性休克死亡。

2. 医方如不存在上述过错，采取积极措施，可能避免不良预后的发生。故其上述过错与患者的死亡之间存在因果关系。

3. 胆汁漏是肝囊肿手术难以完全避免的并发症，患者高龄，自身病情复杂，为诊治增加困难，与在患者不良预后有一定因果关系。

综上所述，患者因术后胆汁漏继发腹腔感染致感染性休克死亡，医方存在一定不足，并与其死亡有一定相关性，应承担一定责任，建议参与度50%。

建议医疗机构通过本例，在今后的诊疗活动中应当注意：第一，增强医患沟通，完善手术知情同意书。第二，将患者作为医疗活动中的主体，参与方案的制订。第三，完善院外会诊制度。

（闫晓宝）

No. 38
原位经典非转流肝移植术后感染、消化道出血死亡一例

案情介绍

患者，男，60 岁。2002 年因黑便行胃镜检查提示食道胃底静脉曲张，行横断＋脾脏切除＋部分胃切除（1/3）术，随后间断出现呕血、黑便，住院治疗后可以控制。2007 年 11 月，行食道静脉曲张血管套扎术。今为进一步治疗，主诉"体检发现转氨酶升高 15 年，间断呕血、黑便 6 年"于 2008 年 1 月 10 日到××医院就诊。入院诊断：原发性胆汁性肝硬化（失代偿期），断流术＋脾切除＋部分胃切除术后。

入院后完善相关检查，2008 年 1 月 24 日，全麻下行原位经典非转流肝移植术。术中见肝脏左叶与膈肌和胃致密粘连，钝性加锐性分离肝脏和胃小弯之间的粘连，结扎加电凝处理出血点。切除病肝后，植入新肝。次日发现引流液呈棕褐色，并有絮状物，引流物常规示白细胞满视野，胃管中注入亚甲蓝，1 小时后左肝下引流液呈淡蓝色，考虑胃或肠穿孔。行开腹探查术。术中见胃小弯侧靠近贲门 3cm 处有胃壁穿孔，纵行长约 1cm，周围组织明显水肿，行修补术。术后第一天引流管颜色正常，无白细胞，但术后第五天病情加重，引流液逐渐混浊，盆腔及左肝引流多次送检均为白细胞满视野，且体温升高 39 摄氏度以上，考虑有腹腔感染，给予抗感染和腹腔内冲洗，但总体病情不见好转，患者于 2008 年 2 月

1日死亡。死亡原因：感染性休克，腹腔感染。

争议焦点

2008年，患方将××医院起诉至区人民法院，认为被告医院在诊疗过程中未认真履行法定义务，其医疗过错行为直接导致患者严重损害后果：（1）胃穿孔系医方手术中过错造成，非患者原发疾病；术中穿孔未处理，与手术告知书不符，同时也违反了诊疗常规。（2）有第二次胃穿孔，系医方处理不当导致。（3）第二次胃穿孔，医方漏诊，未予处理。（4）医方不同意做尸检，对患者二次穿孔没有病理证明，对鉴定结论有影响。（5）2008年1月26日及以后的病历记录无医师签名，违反《病历书写基本规范（试行）》第3条、第7条的规定，且对鉴定结论有影响。

医方辩称：（1）患者存在手术适应证，术前履行了充分的告知义务，实施的医疗行为符合医疗常规。（2）患者死亡是自身体质特殊和自身疾病发展所致，和诊疗行为之间没有因果关系，患者在肝移植术后出现的胃穿孔、肺部感染和腹腔感染、菌血症等并发症是多种原因所致：①年老体弱（患者就诊时60岁，患有肝硬化多年）。②患者长期慢性肝病，有门脉高血压胃病，并做过胃部分切除。③长期服用皮质激素。④国内报道肝移植术后肺部感染率在50%左右，多发生在术后一周。⑤如此大的手术创伤、术前和术中大量激素应用，难免会增加胃溃疡穿孔及肺部感染发生的概率。（3）患者死亡后告知家属死亡原因，家属当时对死因无异议，并于死后第三天主动拉走尸体进行火化，一周后电话提出进行尸检，此时客观不能，医方不存在拒绝尸检的行为，而是事实上的客观不能和家属的自身原因导致尸检未能进行，此责任由患方自行承担，与医方无关。

总结双方争议焦点主要有二：（1）术后胃穿孔、感染等并发症是否为医院过错导致。（2）死后未行尸检，谁应承担责任。

鉴定结论

诉讼中，经医患双方申请，人民法院就本案依法对外委托司法鉴定。鉴定结论为：××医院对患者的诊疗过程中存在一定的过错，与患者损害后果（死亡）之间存在一定的因果关系，建议过失参与度为 25%。

分析评论

（一）医方诊疗行为是否存在过错

1. 根据患者的病史、临床表现，医方诊断原发性胆汁性肝硬化（失代偿期）正确，有实施"原位经典非转流肝移植"术的手术适应证，术前检查无手术禁忌证，行肝移植手术不违反诊疗常规。据手术记录记载，其手术操作符合诊疗常规。

2. 肝移植手术后 30 小时左右，患者左肝下引流管液呈棕褐色，并有絮状物，胃管注入亚甲蓝后左肝下引流液呈淡蓝色，此时考虑为胃或肠穿孔，行开腹探查术，术中见胃小弯侧靠近贲门 3cm 处有一纵行长约 1cm 的胃壁穿孔，给予修补，上述处置恰当，符合诊疗常规，术中修补后再次从胃管注入美兰未见蓝色液体流出，提示修补成功。

3. 患者胃穿孔部位在手术操作区，且术中见肝左叶与胃小弯胃壁粘连致密，提示其分离困难大，有副损伤的可能性，但 30 小时才出现引流物颜色和性质改变，不完全支持手术造成的胃穿孔。同时，患者手术后应用大量激素，有发生应激性溃疡穿孔的基础，但剖腹探查手术记录未能提示应激性溃疡的相应表现。综合分析，考虑术后胃穿孔为手术并发症，不能排除与手术副损伤和术后大量应用激素的因果关系。但鉴于手术记录显示医方操作符合诊疗常规，术后出现胃穿孔即便是医源性损伤，医方对此亦不应承担责任。

4. 两次手术（肝移植术、剖腹探查胃修补术）后，医方在患者胃肠功能未完全恢复时，在未能确定肠内营养管位置的情况下即开始肠内营养，此外，医方对感染和消化道出血所采取的预防及治疗措施有所不足，如未预防应激性溃疡及使用抗感染药物不敏感等。上述情况均视为过错。

5. 部分病程记录无医师手工签名，手术记录无术者签字，违反了《病历书写基本规范（试行）》的有关规定。但上述医疗缺陷与患者死亡无因果关系。

6. 关于尸检的告知及申请，医患双方存在争议，无法判断医方在尸检问题的处理上是否存在过错。

（二）因果关系

1. 本例未行尸体解剖，病理死因不能明确。据现有病史资料，考虑患者术后感染、消化道出血死亡。

2. 患者自身疾病疑难复杂，此前有腹部大手术史，腹腔粘连严重，临床处理难度大，肝移植术后感染控制困难（激素和其他免疫抑制剂应用），医方术后给予了剖腹探查、胃修补术、抗感染、腹腔冲洗、引流等治疗，其死亡主要与自身疾病重、诊治困难有关。

3. 医方肠内营养不当，感染和消化道出血所采取的预防及治疗措施不足，可能与感染和消化道出血的发生和发展有一定关系。

综上所述，本例中，医方对患者的诊疗过程存在一定的过错，与患者损害后果（死亡）之间存在一定的因果关系，建议过失参与度为 25%。

通过本例，建议医疗机构应当：第一，规范患者死亡病例的尸检告知，充分重视书面告知的法律意义。第二，对风险较大的并发症增强预见能力并采取一定措施，如评估应激性溃疡致消化道出血可能性大，预防应用洛赛克。第三，规范抗生素的应用。

（闫晓宝）

No. 39

胆囊切除术损伤患者胆总管并多家医院误诊一例

▌ 案情介绍

患者，男，31岁。因"右上腹疼痛伴恶心2月余"于2006年5月3日入住A医院。查体胆囊区有压痛及叩击痛，外院B超检查示：胆囊萎缩及胆囊结石。入院诊断：胆囊炎。入院后完善术前检查及准备，于5月4日予开腹胆囊切除术，术程顺利。术后病理检查为慢性胆囊炎合并胆囊结石。患者恢复顺利，术后1周出院。

出院4个月后，患者出现食欲不振，全身发黄，无力伴呕吐，到B医院行B超及CT检查，诊断为"梗阻性黄疸"，予中药治疗，病情逐渐加重。

2007年8月30日，患者因"尿黄、身目黄染半年余，加重3个月"入住C医院。查体上腹可见陈旧性手术疤痕，腹肌稍紧张，全腹无压痛，剑突下可及一包块，大小约5cm×7cm，质硬，边界欠清，活动度欠佳，伴轻触痛。入院诊断，梗阻性黄疸查因：肝门部胆管癌。入院后彩超示肝门部胆管癌可能性大，肿块主要累及肝总管（I型肝门部胆管癌可能），肝内胆管明显扩张；胆囊阙如；肝增大，肝内未见明显占位性病变；脾轻度增大；胰腺未见明显异常；少量腹水。MR示左右肝管及肝总管占位性病变，性质为胆管癌，并肝内胆管重度扩张，门脉及肝动脉未见明显受侵；脾大，少许腹水；胆囊阙如。TB 234.0μmol/L，DB 175.6μmol/L。综合上述临床资料，诊断考虑肝门部胆管癌。予以护肝治疗，建议患者手术，患者因经济原因放弃治疗，于 9 月 3 日签字自动出院。

此后患者先后到 D、E、F、G 医院就诊，均得到几乎一致的诊断结论。

2007 年 9 月 6 日，患者到 H 医院就诊，诊断为肝门胆管癌（Ⅳ型），行 PTCD 外引流术，术后半月出院，患者症状有所好转，于 2008 年 1 月返院更换引流管，期间口服中药治疗。

2008 年 4 月，患者再次到 G 医院就诊，行 T 管造影提示胆管梗阻，原因无法确定，故保留引流管，后再次行 PTCD 术，术后 1 周出院。

2008 年 12 月，患者再次到 H 医院就诊，经检查后建议行手术治疗。因经济原因，患者于 2009 年 2 月 27 日才接受手术探查，发现"胆总管壁有缝线缝闭"，术中诊断为继发性胆总管损伤，行胆肠吻合术，于 2009 年 3 月 8 日出院。

▉ 争议焦点

患者先后向市、省两级医学会申请医疗事故技术鉴定，并分别以 A 医院和 C 医院为被告，于 2011 年向 ×× 人民法院提起诉讼。患者认为医方在诊疗过程中存在以下过失：（1）医方 A 在手术中误缝扎胆总管；（2）医方 C 将胆总管损伤梗阻性黄疸误诊为肝门胆管癌，延误治疗。

A 医院辩称：考虑患者出院后的症状为手术时结扎胆囊管过于靠近胆管壁引起，胆总管的狭窄或和术后胆总管壁慢性炎症和纤维组织增生所致。C 医院辩称：对患者作出胆管癌的诊断依据充分，因患方经济原因未进一步采取有创治疗，因此不存在对患者造成实质性损害。

由于患者是在市、省两级医学会出具鉴定报告后才行起诉，故争议的焦点集中在鉴定结论的两个要点：（1）A医院手术是否存在失误？（2）C医院是否存在误诊？此外，还有一个焦点，即患者辗转就诊8家医院，8家医院的诊疗行为与患者损害后果之间是否存在因果关系，参与度如何？

鉴定结论

2010年10月9日，××市医学会医疗事故技术鉴定结论为：A医院对患者的诊断明确，有胆囊切除术指征，无手术禁忌证，术前医方履行了知情告知义务，术程顺利，患者术后如期恢复出院，对患者的整个处置过程符合肝胆外科诊疗规范。由于患方未能提供患者在H医院行剖腹探查术术中的照片以明确是否缝线缝闭胆总管，H医院手术记录无台上最高级别医生（主刀）的签名，手术记录中未描述胆总管是否部分损伤或完全缝闭等情况，故无法明确A医院的手术是否与患者的胆总管损伤（缝扎）有因果关系，故无法对A医院作出医疗事故技术鉴定结论。C医院综合患者的临床资料，诊断上考虑肝门部胆管癌，给予护肝治疗，并没有进行任何有创治疗或针对肝门部胆管癌的放化疗，不存在对患者造成实质性的损害，不构成医疗事故。

2011年5月19日，××省医学会医疗事故技术鉴定结论为，A医院存在医疗过失：（1）术前术后相关检查不完善，未行肝、胆相关实验室检查；（2）对萎缩性胆囊炎手术风险认识不足，术前未明确告知患者术中可能出现胆道损伤；（3）术中损伤胆总管，导致患者出现梗阻性黄疸，最后需行胆肠吻合手术；（4）病程记录简单。C医院存在医疗过失：（1）门诊病历及住院病历中记载"查体可触及一5cm×7cm包块"与实际为1.5cm肿物大小不相符；（2）患者为胆囊切除术后梗阻性黄疸，医方对其诊断忽略了患者黄疸前曾有胆囊切除史，仅凭B超、核磁共振等影像资料便作出了确定性的诊断，诊断患者为肝门胆管癌依据不充分。此医案构成三级丙等医疗事故，A医院承担90%责任，C医院承担10%责任。

最终，法院判决A医院和C医院分别承担90%和10%的赔偿责任。各方均未上诉。

▌分析评论

胆囊炎是临床上非常常见的一种疾病，胆囊切除术亦是常见的诊疗方案之一。由于解剖位置的关系，术中胆总管有时容易受到损伤，引发炎症反应和纤维组织增生，可发展为胆总管狭窄，导致梗阻性黄疸。本案是非常特殊的一个病例，首诊医院出现较罕见手术失误，患者随后辗转多家医院均被误诊，若干年后方才查明真相，"术到病除"，具有很大的警示和参考价值。

（一）A手术是否存在失误

市医学会主要是从质证的角度出发，考虑患方提供的H医院的手术记录缺主刀签字、未对胆总管的损伤情况进行具体描述，未提供手术照片等，故无法对A医院做出医疗事故技术鉴定结论。A医院则辩称考虑患者出院后的症状为手术时结扎胆囊管过于靠近胆管壁引起，胆总管的狭窄或和术后胆总管壁慢性炎症和纤维组织增生所致。事实上，H医院的手术记录原文为"见胆总管壁有缝线缝闭，缝线以下胆管已闭变硬，以上胆道肝内胆管正常，未见结石及肿块"。可见，尽管文字表述在一定程度上有待推敲，但可以推断出患者术后梗阻性黄疸的症状应该和手术的损伤密切相关。故省医学会从术前检查、术前沟通、术中操作和病历书写四个方面着手，判定 A 医院承担主要责任是合理的。

（二）八家医院是与非

患者先后辗转八家医院就诊，A 医院为患者行胆囊切除术中损伤胆总管（误扎）是引起患者梗阻性黄疸，最后需行胆肠吻合手术的根本原因，与患者损害后果之间存在直接因果关系，无疑应承担最主要的赔偿责任。考虑到胆囊管和胆总管的解剖位置，实际中将胆总管误扎是非常罕见的手术失误。B 医院作为基层医院，仅作出梗阻性黄疸的诊断情有可原。但 C 医院的确在未作 ALP、r – GT、ALT、AST、CEA、CA – 199 等相关血液检查的情况下作出了确定性诊断，是诊断患者为肝门胆管癌的首诊医院，延误了患者治疗，增加了患者的痛苦和精神压力。同时值得注意的是，D 医院、E 医院、F 医院、G 医院，包括最终发现患者黄疸真正原因的 H 医院，在初诊患者时，均作出了与 C 医院几乎一致的诊断，故在一定程度上均应承担相应的赔偿责任。从另一个角度考虑，随着时间的推移和就诊经历的增加，病情随之进展，可供参考的就诊资料和经验逐渐增多，越靠后接诊的医院作出误诊，其所承担的赔偿比例或应越高。但由于患者未申请对其他医方的诊疗行为进行鉴定，故医学会在鉴定时也不会对相关医方的行为进行评价，而 A 医院与 C 医院未将其他医方追加为共同被告，故法院也仅对被诉两医方作出判决。实际工作中，时有被诉医方将患者的其他经治医院追加为共同被告，其目的主要是共同分担赔偿责任。

（三）癌症患者预后的告知

在本案审理过程中，有一个细节，即患者诉在 C 医院对其作出肝门部胆管癌累及肝总管的诊断后，"医生预计只有三个月的寿命，如果家庭经济能承担，可以试试继续治疗，如果是普通家庭，有可能人财两空。"患者认为医师的这种表述是其拒绝接受手术治疗自动出院的决定性因素之一。对于这一点，下面仅从两个角度进行讨论。

其一，医师有义务将患者的病情、诊疗方案、预后、费用等信息告知患者，但临床工作中，医师往往将其视为程式化的讲述而非人性化、个体化的双向沟通。以本案为例，医师的本意是从患者经济承受能力的角度出发，告知患者相应的诊疗方案和预后，但其结果并没有实现医师的预期目标。原因何在呢？此种告知仅考虑了不欺骗患者，并没有考虑告知的时机、方法和策略。如果患者的确罹患癌症，我们应注意分步告知，并在告知后和患者共同制订下一步的治疗和生活方案，给患者以支持和帮助。

其二，虽然目前癌症的治疗方法有了很大进步，生存率和治愈率有了明显提升，但在普通人心目中，诊断癌症就好像被宣判了"死刑缓期执行"，因此有着"三分之一的癌症患者是被吓死的"的坊间传闻。因此临床医生在进行癌症的诊断时应更慎重一些。本案中，临床医生凭借影像学的结论下了癌症可能的诊断，并做出了手术以明确诊断的建议。但从告知的语气和方法上，可以看出，并没有对患者之前胆囊炎的病史给予足够的重视，也没对癌症诊断保持慎重的心态，这都值得我们借鉴。

（姚　麟）

No. 40
肝硬化患者消化道大出血死亡一例

▌ 案情介绍

　　患者，男，61岁。2010年10月31日因"反复高热、右下肢肿胀、腹胀近2个月"到××医院就诊。CT检查示：肝硬化并脾大，腹水，食道下段静脉曲张；胆囊炎并胆囊结石。入院诊断：乙肝肝硬化（活动期、失代偿期）；Ⅱ型糖尿病并糖尿病足部溃疡；慢性胆囊炎并胆囊结石。

　　患者入院前有排黑便史，入院当晚，患者呕暗红色液体伴有血凝块约600mL，考虑上消化道大出血，予心电监护、吸氧、止血、输血等对症处理。于11月2日行胃镜检查，结果提示：食管重度静脉曲张、胃底中度静脉曲张、门脉高压性胃病。向患者及其家属交代病情并告知手术风险后，于11月2日当天行内镜下食管静脉曲张套扎术。术后予制酸、护肝、抗感染及控制血糖等治疗，并使用生长抑素，患者病情有所好转。11月8日，为预防门脉高压性胃病及静脉曲张套扎术后再出血，建议患方应用生长抑素延长至套扎术后10~14天。11月9日，患者食管胃底出血已基本停止，患者拒绝继续使用生长抑素，遂于当日停用。11月15日18：20，患者突然晕厥倒地，出冷汗，5分钟后再次大量呕血，随后血压进行性下降，出现休克症状，予开放静脉通道、扩容、止血等处理，病情仍迅速加重。19：40心跳呼吸停止，血压测不出，经积极抢救无效，于21：25宣布临床死亡。

死亡诊断：（1）失血性休克、循环衰竭；（2）上消化道出血；（3）乙肝肝硬化（失代偿期）；（4）Ⅱ型糖尿病并糖尿病足部溃疡；（5）慢性胆囊炎并胆囊结石。

患者死亡后，医方建议行尸体解剖以进一步明确死因，家属拒绝。

争议焦点

患方认为医方在诊疗过程中存在以下过失：（1）对患者病情变化未引起足够重视；（2）11月15日患者病情发生变化后抢救不及时；（3）在患者消化道出血的情况下使用肝素；（4）篡改病历；（5）侵犯患者的知情同意权，告知不足。

医方辩称：医方遵守国家医疗卫生管理法律、行政法规、部门规章和诊疗护理常规、规范。患者基础疾病严重且突发消化道大出血，起病急，进展快，是导致死亡的主要原因，与医方的诊疗行为没有因果关系。

总结医患双方各自观点，争议焦点主要有四：（1）医方对患者病情变化的判断是否准确？处理是否及时、得当？（2）患者的死因为何？医方的处置与患者的死亡之间是否存在因果关系，参与度如何？（3）在停用生长抑素方面，医方是否尽到了告知义务？（4）病历真实性如何？

鉴定结论

诉讼中，经医患双方申请，受案人民法院就本案依法先后委托××医学会进行医疗事故技术鉴定和××司法鉴定中心进行司法鉴定。

2012年1月5日，××医学会医疗事故技术鉴定结论认为：医方对患者的诊疗符合临床诊疗规范，对突发消化道大出血的判断与处理是正确的，不构成医疗事故，但存在医疗缺陷：（1）在患者拒绝继续使用生长抑素时，医方应作书面知情告知并由患者或其委托人签字确认；（2）抢救记录不够严谨；（3）患者出现休克时，可以加快扩容力度，开放更多的静脉通道；（4）与患方沟通不足，在患者发生病情变化后，应及时与患方进行沟通并作书面记录。

2013年6月30日，××司法鉴定中心司法鉴定结论为：（1）死因分析：本例患者死后未做尸体解剖，严格意义上讲属于死因不明、重要疾病不明。①根据现有材料，患者"乙肝肝硬化（活动期、失代偿期），食管胃底静脉曲张，门脉高压性胃病"的诊断成立；有肝癌的可能。②出血量无法估计，因消化道出血可存于胃肠道内。③有吸入性窒息。综上，患者以失血性休克合并吸入性窒息导致循环、呼吸衰竭死亡可能性大。（2）医方在诊疗过程中存在过错：①对病情估计稍显乐观，与患方沟通不足。如对肝癌可能未向患方交流；当患方不同意继续使用生长抑素时，未向患方指出随时有再出血可能。②在再次大出血之前的血常规显示血色素有下降趋势，未能引起足够重视。③在抢救过程中，签署了使用"三腔二囊管"的告知书，但最终未执行，抢救记录中未给予说明。在食管、胃底"套扎"基础上，使用"三腔二囊管"有使套扎材料脱落风险，一般不主张使用"三腔二囊管"止血。④在发现患者跌倒、呕血情况下，将患者扶上病床，采用了头偏向一侧的预防吸入窒息的措施，但发现吸入时间稍晚，至心跳骤停后方采取吸痰措施。以上过错是导致患者死亡后果的次要因素，患者自身因素是导致患者死亡后果的主要因素。

最终，法院判决医方承担15%的赔偿责任。医患双方均未上诉。

分析评论

肝硬化是一种以肝组织弥漫性纤维化、假小叶和再生结节形成为特征的慢性肝病，是我国常见疾病和主要死亡原因之一。我国内科总住院人数中的 4.3% ~14.2% 患有肝硬化。[①] 在失代偿期，患者常感乏力、纳差、腹胀、恶心等不适，伴有内分泌紊乱和出血倾向，以及脾大、腹水、门脉高压等临床表现，身体和精神上都长期承受着巨大的痛苦，给医务人员的诊疗、护理和沟通带来较大的挑战。

（一）死因

从医方的死亡诊断和医学会的鉴定结论可见，双方均认为患者的主要死因是突发消化道大出血导致的失血性休克、循环衰竭；而司法鉴定报告则将吸入性窒息作为导致患者死亡的重要原因。

司法鉴定报告判定存在吸入性窒息的依据有二。其一，患者 11 月 5 日 18：20 突发再次消化道出血后，19：40患者出现心跳呼吸骤停，20：19 送检血常规示 RBC $2.18 \times 10^{12}/L$，HB 3.87g/L（此为鉴定报告笔误，应为 56 g/L），较上次血常规检查结果提示下降约 30%，出血量不足以导致突发心跳、呼吸骤停。其二，19：40 患者出现心跳呼吸骤停，19：41护理记录有"吸痰，吸出暗红色血液"的记载。此后的 SpO_2 一直未能提升。

然而，根据医方 11 月 15 日抢救记录及护理记录的记载，18：25 患者呕吐暗红色血液伴血凝块 800mL，19：00左右又陆续呕出暗红色血液 800mL，加上胃肠道残留积血，判断出血量大于 1600mL，足以导致失血性休克。患者从

---

① 叶任高等：《内科学》，人民卫生出版社 2004 年版，第 440 页。

18：25 呕血至 19：40 意识丧失、呼吸心跳停止、血压测不出，符合失血性休克致死亡的过程，亦未出现唇绀、抽搐、血氧饱和度骤然大幅度下降等窒息缺氧的临床表现。

笔者认为，医方及医学会的医疗事故鉴定对死因的分析更为可信。首先，在短期内出血大于 1600mL，足以导致失血性休克，以致在 19：40 出现意识丧失、呼吸心跳停止。失血性休克足以导致死亡，并不需要窒息的参与。而司法鉴定所认为的窒息证据"吸痰，吸出暗红色血液"发生在 19：41，是发生呼吸心跳停止之后。当然由于没有进行尸检，患者的真正死因只能依靠分析。但不得不说，司法鉴定中由于缺乏临床医生参与，法医往往依靠医学书进行分析，其结论经常被人质疑。本案司法程序中值得肯定的是，由于医方对司法鉴定报告存在较大质疑，申请鉴定人出庭接受质询并得到法院准许。医方临床专家与鉴定人进行了当庭辩论，法院最终更倾向于采纳了医学会的鉴定意见，认定医院承担 15% 的责任。

（二）消化道大出血的预防与抢救

首先，患者出现食管胃底静脉曲张属于肝硬化的自然转归，有行食管胃底静脉套扎的指征，早期效果明确。考虑到患者有肝硬化和糖尿病的基础疾病，黏膜愈合较慢，为预防套扎后再出血建议患者延长使用生长抑素。这些都是很好的预防消化道再次大出血的方式。虽然说我们无法肯定使用生长抑素就一定能预防再次出血，但其确实在一定程度上可以减少此次再出血的可能性。遗憾的是因为患者家属的干扰，生长抑素的使用暂停了。在家属的指示和医疗常规发生冲突时，我们何去何从，在缺乏明确指引的前提下，似乎应采纳里斯本宣言的建议："当患者家属的指示明显有悖于患者的利益时，医务人员可以采取对患者有利的措施，而不受患者家属指示的限制。"但实际上，因为医疗费用、家庭决策、医患信任甚至诉讼主体等因素的影响，这种比较理想的状态难以实现。

其次，虽然司法鉴定关于死亡原因存在窒息的可能在本例中不成立，但也给我们做了很好的提醒，在发生消化道大出血后，一定要预防窒息的发生。本例中，在发现患者消化道大出血后，医方将患者头偏向一侧预防吸入性窒息、并密切观察，及时吸痰。

最后，要积极预防和治疗休克，开放静脉通道、补液、加压输注浓缩红细胞等并进行吸氧和监护。医学是一门不能用结果来进行衡量的科学，但我们必须保证我们治疗的过程符合当前诊疗规范。

（三）医患沟通

医患沟通不仅仅是获得患者签字的过程，更重要的是建立医患之间的信任和尊重，而这些是建立在与患者及家属进行充分的病情解释和沟通基础上的。本例中患者家属选择了拒绝继续使用生长抑素进行再出血的预防，我们很难完全了解其拒绝的真正原因，但是对于病情以及使用生长抑素必要性的告知应该得到我们更多的重视。

（四）病历管理

在医疗损害责任纠纷的诉讼中，病历往往是至关重要和决定性的证据。本例患者死亡后，家属情绪激动，提出封存病历，将医师补记抢救记录的行为视为篡改病历，还曾出现抢夺病历的行为。根据病历书写基本规范，因抢救急危患者，未能及时书写病历的，有关医务人员应当在抢救结束后6小时内据实补记，并加以注明。故医方在规定时间内补记抢救记录的行为并无不妥。

在实际工作中，患者的住院病历往往要在出院后一周左右才能最终完善，而一旦封存，便不敢再进行任何修改，故医务人员往往对封存病历抱有强烈的抵制和恐惧感。事实上，在规定时限内书写与修改病历是医师的基本权利之一。本例患者死亡后，考虑到家属情绪，完全可以暂不书写抢救记录，尽快整理并进行封存病历复印件，记录好封存的时间，之后在规定时限内完成抢救记录并归入病历。

（姚　麟）

No. 41

激素应用不当亚急性重症肝炎死亡一例

▌ 案情介绍

患者，男，51 岁。××年 3 月 21 日因"重度乏力 2 月余，加重伴腹胀 2 周"入住××医院。入院诊断：亚急性重症肝炎。给予保肝降酶、退黄、辅助肝细胞代谢、利尿、提高胶体渗透压等治疗。

3 月 22 日胸片检查：双下肺盘状肺不张。腹部 B 超：肝回声密集，门脉血流速度正常，双肾及胰腺未见异常。

3 月 22 日至 3 月 25 日，隔日应用氢化可的松琥铂酸钠注射液。

3 月 25 日起，患者出现低热，体温 37℃ ~ 38℃。

3 月 28 日，使用中药退黄。3 月 31 日，患者双足可见出血性皮疹，腹部、腰背部可见充血性皮疹，新旧不一。给予扑尔敏、葡萄糖酸钙抗过敏治疗。

4 月 4 日，患者诉皮疹增多，颈部、双臂部及原部位均可见新旧不一的皮疹，请有关专家会诊后，认为药疹可能性大，停用日达仙、促肝细胞生长素、白蛋白等药物，应用氢化可的松抗过敏治疗后患者体温恢复正常。

4 月 8 日，患者出现嗜睡，考虑肝性脑病，给予甘露醇 250mL，每日一次静点及对症处理。复查胸片：双下肺盘状肺不张。

4 月 10 日下午，患者体温上升至 38.2℃，血常规：白

细胞 $6.8 \times 109/L$，中性粒细胞 76%，血红蛋白 $90g/L$。改用地塞米松治疗。

4 月 11 日，血培养结果：为 G－杆菌。因使用罗氏芬抗治疗时患者出现寒战、高热、呼吸急促，故停用。当日再次复查胸片报告：双肺炎症，霉菌性感染可能性大。19 时血气分析：PH7.243，PO2 70.9 mmHg，PCO2 15 mmHg，BE－18.5mmol/L。血常规：白细胞 $23.4 \times 109/L$，中性粒细胞 84%。22 时患者呼吸急促，呼吸频率曾达 50 次/分，在家属的强烈要求下，进行气管插管、机械通气。因考虑霉菌性肺炎，准备应用大扶康治疗，但家属拒绝。

4 月 12 日，患者体温 $39.2℃$，神志不清，查体不合作，双下肺可闻及细湿罗音，心率 120 次/分。血常规：白细胞 $5.5 \times 109/L$，中性粒细胞 88%，血红蛋白 $66g/L$，血小板 $12 \times 109/L$。血气分析：PH7.308，PO2 56.3 mmHg，PCO2 46.4 mmHg，BE－3.5mmol/L。生化：CR 182 μmol/L，ALT 171U/L。给予纠酸、扩容、补充胶体，脱水利尿、物理降温等治疗。

4 月 13 日，患者持续昏迷、高热、无尿，胸部出现多处出血点，考虑 DIC，患者病情进一步加重，经抢救治疗无效于 13 日 9 时 32 分死亡。

▮▮ 争议焦点

总结医患双方争议焦点，主要有三：（1）亚急性重症肝炎的诊断是否正确？（2）医院在激素的使用过程中是否存在过错？（3）患者的死亡是否因医院的诊断、治疗失误所致？

鉴定结论

诉讼中，经患方申请，××人民法院委托被告医院所在地市医学会进行医疗事故技术鉴定。后医方不服首次鉴定结论，申请省医学会再次鉴定。再次鉴定结论为：本例属于一级甲等医疗事故，医方负次要责任。

分析评论

1. 依据患者的症状、体征及实验室检查，亚急性重症肝炎的诊断正确。本例患者病情危重，肝功能损害严重，治疗期间出现药物过敏性皮疹，均有应用激素治疗的指征。

2. 医方对激素的副作用重视不够，在长时间、大剂量用药期间未联合应用抗菌素，尤其是在患者出现了严重的肺部感染、败血症后仍未进行积极的抗感染治疗，违反了败血症的治疗原则，存在医疗过失。

3. 因本例未做尸检，无法确定患者的确切死因。依据现有材料，患者的死亡与多种因素有关。首先，患者自身疾病非常严重，病毒性肝炎（乙戊型混合感染）、肝硬化、腹水，已出现酶胆分离，属于亚急性重症肝炎，预后极差，在此基础上抵抗力低下发生肺部感染、败血症；其次，使用激素的过程中未联合应用抗菌素，家属拒绝应用大扶康，出现感染中毒性休克、肝肾功能衰竭而死亡。

4. 亚急性重症肝炎、肝功能衰竭预后差、病死率高。鉴于医院在应用激素过程中未联合应用抗生素和对严重肺部感染处理不及时的医疗过失行为与患者的死亡有一定的因果关系，本例患者的死亡原因主要是自身疾病严重，医方上述医疗过失在患者死亡后果中起次要作用。

（庄立君）

No. 42
急腹症患者误诊一例

▌▌案情介绍

患者，女，73 岁。因"间断右上腹痛 2 个月，伴发热 3 周"于××年 8 月 7 日入住××医院。

既往史：高血压病史 10 余年，1 年前确诊颈部淋巴结核，经保守治疗好转。

查体：体温 38.9℃，脉搏 110 次/分，呼吸 17 次/分，血压 145/80mmHg，急性病容，双肺呼吸音清，心率 110 次/分，心律齐。腹软，右上腹轻压痛，无反跳痛，莫菲氏征（-）。B 超：胆囊 8.3cm×4.1cm，壁厚 0.3cm，壁上可见等回声附着，直径约 0.4cm，肝外胆管上段 1.0cm。CT：胆囊增大，胆总管上端增宽最大直径约 1cm。血常规：白细胞 $10.1×10^9$/L，中性粒细胞比率 79.5%。

入院诊断：急性腹痛原因待查，急性胆囊炎，胆囊息肉样病变，冠心病、高血压病。给予禁食、补液、抗炎治疗。

8 月 9 日胸片：慢支、肺部感染，腰椎骨关节病。腹部 CT：右肾小囊肿，右侧胸腔积液，T9 右侧椎弓根骨破坏，局部软组织肿块约 2.5cm，考虑骨转移瘤。

8 月 11 日胸部 CT：右肺尖纵隔旁型肺癌，伴双侧纵隔淋巴结转移，肺内转移，T9 椎体转移，右肺上叶阻塞型肺炎，双侧胸腔积液。按内科会诊意见复查血常规、血沉、PPD、痰找结核菌、痰培养等检查，给予雾化吸入、祛痰等治疗。

8 月 13 日，患者右上腹压痛，略有反跳痛、肌紧张，考虑经保守治疗后症状无缓解，不排除外胆囊穿孔可能，当晚在全麻下行开腹探查手术。术中见胆囊张力大，大小约 12cm×7cm×5cm，水肿、壁厚，将胆囊完整切除。术后病理：慢性胆囊炎伴胆固醇性息肉（胆囊壁高度水肿，血管扩张，腔内多量红细胞及中性粒细胞聚集，局灶处有中性粒细胞渗出）。术后给予抗炎、补液治疗，患者间断出现高热伴寒战，血常规：白细胞 6.7×109/L，中性粒细胞比率 95.8%，痰培养为多种细菌及真菌生长。

8 月 14 日，呼吸内科会诊意见：患者既往结核病史，血沉 66mm/h，胸部 CT 检查不能除外结核，给予试验性抗结核治疗，并调整其他抗生素，加用大扶康。

8 月 21 日，痰涂片找见抗酸杆菌（＋＋＋＋），每个视野＞10 根。确定诊断：开放性肺结核。建议患者转往结核病专科医院治疗，患者家属拒绝，后请结核专科医院医师会诊，制订抗结核治疗方案。

8 月 23 日，拔除气管插管，撤离呼吸机。此后患者出现肝、肾功能损害，予以对症处理后好转，9 月 5 日患者体温逐渐降至正常。

9 月 19 日，将抗结核药物调整为异烟肼、利福喷丁、乙胺丁醇，治疗一年停用。目前患者病情稳定。

▌▌争议焦点

患方认为：（1）医方没有详细了解患者的病情、病史，没有进行必要的检查，不认真分析病情，导致对肺结核的误诊。（2）医生在手术前没有慎重讨论，没有尽到应尽的注意义务，不及时会诊。患者术前 CT 诊断胆囊没有病变，而是有胸腔积液，医生盲目进行胆囊切除术。

医方认为：（1）医院对本例患者诊断为急性腹痛原因待查、急性胆囊炎、胆囊息肉样病变是明确的，具有急诊手术适应证，无手术禁忌证，符合医学规范。当时患者结核症状不典型也不急迫，治疗过程没有过错。（2）术后，因患者高龄、合并症多而复杂及呼吸功能较差等情况入SICU是自身原因和疾病的需要，目前均已恢复，没有损害后果。

鉴定结论

发生争议后，患方向被告医院所在地卫生行政部门申请处理，按照《医疗事故处理条例》的规定，移交地市级医学会进行医疗事故技术鉴定，因患方不服首次鉴定结论，经法院审查并委托省级医学会进行再次医疗事故技术鉴定，再次鉴定结论为：本例属于四级医疗事故。医方负主要责任。

分析评论

（一）医方在对患者的诊治过程中存在以下医疗过失

1. 急性胆囊炎的诊断不成立。术前患者体征、B超、CT检查结果及术后病理均不支持急性胆囊炎的诊断。

2. 术前临床表现、胸片、胸部CT检查均提示患者存在肺部病变及胸腔积液，而且内科医师会诊也考虑到了肺结核的可能并建议做进一步检查，此时给患者行急诊胆囊切除术缺乏指征。

（二）医方上述过失对患者的病情有不利影响，而且是造成这一不利影响的主要原因

患者所患结核病经治疗后现已好转，医方的上述过失

没有给患者造成残疾的不良后果。

引发急性腹痛的原因多种多样，需要严格按照急腹症诊疗规范、常规进行诊断和鉴别诊断。本例中，术前临床表现、胸片、胸部 CT 检查均提示患者存在肺部病变及胸腔积液，而且内科医师会诊也考虑到了肺结核的可能并建议做进一步检查，但经治医师盲目自信，既不请示上级医师，也未参考会诊意见，仅片面考虑外科系统疾病。为防止此类错误，建议医疗机构应当：第一，加强住院医师基本理论、基本知识、基本技能培养；第二，严格执行三级查房制度；第三，把术前讨论落到实处。

（庄立君）

No. 43
内窥镜手术致患者延误治疗死亡一例

■ 案情介绍

患者，女，66 岁。因"上腹部疼痛伴恶心、黄染 1 天"于××年 4 月 24 日入住××医院。入院诊断：（1）胆囊结石，胆囊炎；（2）胆道梗阻。

4 月 26 日，在静脉复合麻醉下行腹腔镜、胆道镜两镜联合胆囊切除、胆道探查、T 管引流术。术中见胆总管直径约 1.2cm，切开胆总管置入胆道镜，在胆总管远端可探及 0.8cm 结石，用取石网反复取石不成功，探查过程中结石滑入十二指肠。术后给予抗炎、止血等治疗。

4 月 27 日 8 时，患者体温 38.4℃，腹腔引流 30mL 淡黄色液体，T 管引流 200mL 液体。

4 月 28 日 5 时许，患者脉搏加快至 150 次/分左右，经静脉推注西地兰 0.4mg 后不缓解。6 时，患者血压在升压药维持下波动于 80～90/50～60mmHg，再给予倍他乐克 25mg 口服。10 时 10 分，心内科会诊考虑患者心率增快与低氧（Ⅰ型呼衰）、发热、血压低有关，15 时，呼吸内科会诊建议：给予高流量吸氧，查 CTPA 以除外肺栓塞。

4 月 29 日，患者心率仍高，病理报告：慢性胆囊炎伴胆囊结石。

5 月 1 日 10 时 20 分，患者一般情况较差，呼吸浅快，处于面罩吸氧中。急查心电图：窦性心动过速，ST-T 改变，心率波动于 60～150 次/分。血气分析提示呼吸性碱中毒、低钾血症、低氧血症。经吸氧、补钾治疗后心率维持在 100 次/分、无大的波动，血压平稳。

5 月 5 日腹部 CT：（1）胆囊切除、胆管取石术后 T 管造影未见异常；（2）双侧肠腔积液伴肺萎陷；（3）少量腹水。当日 22 时 30 分将患者转入 ICU，转入诊断：（1）梗阻性黄疸；（2）胆总管结石；（3）结石性胆囊炎；（4）全身炎症反应综合征；（5）I 型呼衰；（6）电解质紊乱，23 时行右锁骨下静脉穿刺置管。

5 月 7 日 14 时，患者开始便血，全天共便血约 1500 克，给予抑酸、补液、止血及输血等治疗。

5 月 8 日 B 超：胆囊窝少量积液，右侧腹腔积液，脂肪肝。当日 12 时行腹腔穿刺置管术，抽出暗红色液体约 200mL。

5 月 16 日，患者病情平稳，T 管引流量约 100mL，腹腔引流量约 500mL。腹水培养：金黄色葡萄球菌。

5 月 17 日，应患者家属要求，将患者转往其他医院。转入诊断：（1）十二指肠瘘；（2）腹膜后脓肿形成；（3）腹腔镜胆囊切除、胆管探查 T 管引流术后；（4）水电解质紊乱。

5 月 21 日，在全麻下行腹膜后及腹腔脓肿清创引流术＋十二指肠旷置术＋空肠造瘘术。术后给予呼吸机辅助呼吸、心电血压等监测、抗感染、补液、抑酸等治疗。

5 月 25 日，患者病情危重，神志清，精神差，腹胀明显，全腹压痛、反跳痛明显，肠鸣音未闻及，腹部伤口渗出较多，引流量 1350mL，色暗红，血色素 76g/L。腹部 B 超：右下腹腔存在 5.9cm×6.8cm 液性暗区，透光性差，肠间隙也存在透光性差区域。当日 21 时 15 分开始在全麻下给患者行腹腔、腹膜后、盆腔坏死物质清创引流术＋十二指肠破口修补术＋十二指肠后置管引流并十二指肠内置管引流术＋胆道探查、T管引流术。术后给予呼吸机辅助呼吸、心电血压等监测、抗感染、补液、抑酸等治疗。

5月29日15时许，患者血压降至70/45mmHg，腹部膨隆，腹腔引流量增多，B超：腹腔大量液性暗区。给予抗休克、输血、升压等治疗。当日17时45分开始在全麻下给患者行剖腹探查＋胃网膜右动脉血管缝扎＋腹腔、腹膜后、盆腔冲洗引流术。

5月30日，患者病情危重，无发热，呼吸机辅助呼吸、VC模式，血色素91g/L。痰培养：鲍曼不动杆菌感染。

6月1日，因患者再次发生腹腔内出血，行剖腹探查＋右侧肾周脂肪囊破裂血管缝扎＋幽门断端修补＋经十二指肠大乳头胰管内置管引流术＋十二指肠瘘口关闭＋腹腔、腹膜后、盆腔冲洗引流术。

6月3日5时，患者腹膜后引流管及管周出现大量鲜红色液体流出，血压下降。当日9时行剖腹探查、胃网膜右血管、右侧髂窝及腹膜后填塞止血＋胃空肠吻合口修补＋腹腔、腹膜后、盆腔冲洗引流术。17时50分患者出现房性心动过速，心律不齐，心率102～221次/分，在应用多巴胺的情况下血压维持在85～106/38～52mmHg，血色素进行性下降。遂行剖腹探查＋腹腔、腹膜后清创引流术＋填塞宫纱取出术。术后患者无尿，给予床旁血液净化治疗（CBP）。

6月10日9时，患者在持续血滤的过程中生命体征不稳定，须大量血管活性药物维持血压。全身水肿明显，多处瘀斑，腹腔渗液较多。15时35分血压降至58/32mmHg，15时55分心率降为0，经抢救无效患者于16时28分死亡。死亡诊断：（1）多器官功能衰竭；（2）感染性休克；（3）十二指肠瘘、胆瘘、胰瘘；（4）腹腔镜胆囊切除、胆管探查、T管引流术后。

争议焦点

患方认为：（1）对于常规胆总管探查术而言，腔镜仅仅是可供选择的手术方式之一，在腹腔镜胆管反复取石不成功的情况下，没有按照知情同意书中告知的方案及时中转开腹，造成十二指肠瘘；（2）术后没有检查腹部情况，直到术后第6天才发现右腹压痛、肌紧张明显；（3）在患者术后出现休克、呼吸困难、感染、腹腔引流液明显变化时，未重视患者肠道损伤；（4）患者术前白蛋白正常，术后不断下降，说明患者消耗明显增加，综合患者腹部体征、呼吸困难、感染、休克等情况，应考虑剖腹探查；（5）长期低蛋白血症、电解质紊乱、休克、呼吸困难，造成患者发生应激性溃疡大出血，加重了病情，从而失去了治疗时机，导致患者抢救无效并最终死亡。

医方认为：我院对患者的手术及整个诊治过程完全是符合医疗常规的，患方主动要求转院，且转院时病情平稳，因此，患者的死亡与我院无关。

鉴定结论

患者家属认为患者的死亡系医方一系列医疗过错所致，经医患双方协商未果，诉至××人民法院，由法院委托××区医学会进行医疗事故技术鉴定，因医方不服首次鉴定结论申请××市医学会再次鉴定，再次鉴定结论为：本例属于一级甲等医疗事故，医方负主要责任。

分析评论

1. 医方在对患者的诊治过程中存在以下违反肝胆外科

诊疗规范、常规的医疗过失:

(1) 施行"腹腔镜、胆道镜两镜联合胆囊切除、胆道探查、T管引流术"前,没有进行术前讨论;

(2) 在施行"腹腔镜、胆道镜两镜联合胆囊切除、胆道探查、T管引流术"的过程中出现反复取石不成功时,没有及时中转开腹;

(3) 在患者术后第一天即开始出现高热、休克时,没有对患者进行认真的腹部体格检查和全面分析。

2. 医方上述医疗过失导致患者十二指肠漏的发生及延误诊治。患者最终死于十二指肠漏引起的感染中毒性休克、多脏器衰竭。

3. 医方上述医疗过失与患者死亡之间存在因果关系,而且是导致患者死亡的主要原因。

4. 医方还存在以下与患者死亡无因果关系医疗过失:

(1) 手术记录中没有记录胆道镜操作者的姓名;

(2) 腹腔镜、胆道镜两镜联合胆囊切除、胆道探查、T管引流术为近年来才逐渐开展的术式,该院没有就此术式的优点及风险与家属充分沟通。

内窥镜手术引入普外科是医学技术近三十年的巨大进步,给患者带来了福音。但是,随着内窥镜手术广泛开展,也暴露了很多问题,特别是技术准入制度不完善,草率开展内窥镜手术;本末倒置,不遵循"安全第一,微创第二"的原则。

(庄立君)

No. 44

胃肠外营养支持过错致 Wernicke 脑病一例

■■ 案情介绍

患者，女，52 岁。因"恶心伴呕吐 4 月余，阵发性上腹不适 1 个月、加重伴疼痛 4 天"于××年 10 月 10 日住入中国人民解放军某医院。

现病史：1 个月前，患者开始每隔 2～3 天就发生饭后持续 2～3 小时的恶心、呕吐，5 天前病情加重，每次饭后均出现恶心、呕吐，同时伴皮肤、巩膜黄染。

入院时情况：体重 63 公斤，巩膜、皮肤明显黄染。肝部平坦，无膨隆，两侧对称，未见胃肠型及蠕动波，无腹壁静脉曲张。腰部未见 Grey－turner 征，脐周未见 Cullen 征。全腹软，无肌紧张，上腹部有压痛、以右上腹部较为重，无反跳痛，莫非氏征阳性。肝脾肋缘下未触及，全腹未触及包块，肝区叩击轻微痛，肾区无叩痛。两侧腰背部有明显触疼和叩疼。移动性浊音阴性，肺肝界位于锁骨中线第五肋间，肠鸣音尚可。腹部 B 超（4 月 8 日）：脂肪肝，高张力胆囊，胆囊结石，胆汁瘀积，急性胆囊炎，胆总管稍增宽，胰腺回声增强，脾及双肾未见明显占位性病变。肝功能：谷丙转氨酶 492 U/L，谷草转氨酶 162 U/L，谷氨酰转肽酶 384 U/L。入院诊断：（1）胆囊结石伴胆囊炎；（2）梗阻性黄胆；（3）胆总管结石。

10 月 13 日，在全麻下行"胆囊切除、胆总管探查、T

管引流术"。术后给予吸氧、禁食、抗感染、止血、补液及营养支持（无 VitB1）等治疗。

10月16日，患者一般情况尚可，已排气、排便。腹部无明显压痛，移动浊音阴性。"T"型管引流通畅，前一日共引出胆汁约 450mL，胆汁色黄，其内可见大量絮状物。停用止血药，余治疗同前，嘱患者饮少量水。

10月18日上午10点左右，患者呕吐1次，呕吐物为稀水样黏液，约 50mL。16时30分患者又呕吐1次，呕吐物为所饮清水及胆汁，量 50mL~60mL，给予莫沙比利片、四磨汤口服液、多翻利酮片等药物治疗。当日夜间患者又呕吐3次，呕吐物为稀水黏液。

10月19日，患者仍感恶心，经胃肠减压后缓解。

10月20日，患者病情平稳，无恶心、呕吐，患者要求拔出胃管。查体：腹平软，无明显压痛、反跳疼和肌紧张。肠鸣音已恢复，移动浊音阴性。手术切口无红肿及硬结，无分泌物。"T"管引流通畅，引出胆汁 400mL。

10月21日，上级医师查房意见：患者目前胃轻瘫诊断明确，继续目前治疗。

10月26日，患者再次出现恶心、呕吐症状，呕吐物为所吃食物，考虑仍与胃肠轻瘫有关。上级医师查房后建议增加补液量，维持水电解质平衡，继续保肝、营养支持治疗。

10月27日，"T"型管通畅，引流出胆汁 450mL，间断夹闭"T"型引流管，夹闭后无明显不适。治疗方面减少静脉补液量，继续应用胃动力药物治疗。

10月29日，拔出"T"管，无胆汁渗漏。

10月31日，患者无明显不适，体温正常，血压平稳，进食后无明显不适，大小便正常。腹部平坦，无明显压痛及反跳痛。

11 月 1 日，应患者及其家属的要求准予出院。出院诊断：（1）胆囊结石伴胆囊炎；（2）梗阻性黄疸；（3）胆总管结石伴扩张；（4）胃轻瘫。出院医嘱：（1）低脂饮食；（2）继续口服消炎利胆、复合维生素 B、肝太乐等药物；（3）定期复查。

11 月 8 日，患者因胆囊切除术后 3 周、恶性呕吐 3 天再次住院。入院时体重 50 公斤。入院诊断：（1）胃轻瘫；（2）胆囊切除术后。处理：禁食（11 月 10 日改流食、11 月 12 日改半流食）；10% GS 500mL ＋ 15% 氯化钾 10mL ＋ 门冬氨酸钾镁 2.012 g 静点，每日一次；葡萄糖氯化钠 500mL ＋ 15% 氯化钾 10mL ＋ 门冬氨酸钾镁 2.012g ＋ 葡萄糖酸钙 10mL 静点，每日一次；10% 葡萄糖 500mL ＋ 15% 氯化钾 10mL ＋ VitC 3.0 静点，每日一次；5% 葡萄糖 250mL ＋ 红霉素 0.5 静点，每日二次；5% 葡萄糖 250mL ＋ 甘利欣 100mg 静点，每日二次；生理盐水 500mL ＋ 门冬氨酸钾镁 4.024g 静点，每日一次。

11 月 16 日，患者有时出现言语混乱，精神尚可，回答问题切题。

11 月 17 日，神经内科会诊，建议停胃复安，必要时停多潘立酮，密切观察患者神志变化。头颅 CT：左侧额叶可见片状低密度影，余未见异常。当晚 21 时左右出现嗜睡，可唤醒。

11 月 18 日，患者出现昏睡，言语不清。神经内科会诊考虑为颅内病变性质待查：（1）代谢性脑病；（2）脑炎；（3）左侧额叶病灶性质不明，建议行 MRI 检查。MRI 检查显示：双侧丘脑内侧、桥脑背侧、视束、四叠体板及左侧额叶皮层下异常信号，考虑感染性病变可能性大。腰穿：压力不高，蛋白稍高，白细胞不高。

11 月 19 日，外院专家会诊意见：目前患者所患疾病应首先考虑代谢性疾病，不能完全排除病毒性脑病，建议大量补充 B 族维生素，继续抗病毒治疗。当日将患者转入神经内科。经治疗患者病情好转，于 11 月 23 日出院，出院诊断：（1）代谢性脑病；（2）胆囊切除术后；（3）胃轻瘫；（4）电解质紊乱。

两年后患者因走路困难、腰腿及全身疼痛、近日记忆力下降、有精神症状到其他医院诊治。体检：反应迟钝，幼稚，有精神异常，能回答简单问题，答话切题，简单计算可，双侧肢体肌力可、张力正常，四肢腱反射降低、病理反射（–），其余查体不合作。诊断：（1）精神异常；（2）脑白质病变；（3）威尼克脑病（Wernicke）。

▌▌争议焦点

患方认为：行胆囊切除术前、术后由于患者长时间未进食造成大量维生素流失，导致脑神经受损伤，医方没有及时大量补充维生素。

医方认为：患者第一次住院，经系统治疗出院前三天已进食（10 月 29 日），第二次住院仅禁食 2 天（11 月 8 日至 11 月 9 日），11 月 10 日开始进流食，并进食富含 B 族维生素及矿物质营养素等食物。我院认为患者出现威尼克脑病（Wernicke）与患者自身个体差异有关。患者出现精神症状后我院神经内科立即进行了会诊。患者从入院到抢救我院进行了大量的检查和治疗，通过我院和外院的共同努力，使患者得到了及时确诊和正确的治疗。

▌▌鉴定结论

诉讼中，经患方申请，××人民法院先后委托××区医学会进行首次医疗事故技术鉴定，委托市医学会进行再次医疗事故技术鉴定。再次鉴定结论为：本例属于三级乙等医疗事故，医方负主要责任。

▌分析评论

1. 在患者反复发生恶心、呕吐及多次禁食需要进行胃肠外营养支持的情况下，医方没有按照治疗剂量补充维生素 B_1，违反了中国人民解放军总后勤部卫生部编写的《医疗护理技术操作常规》第四版有关胃肠外营养支持的原则。

2. 患者目前存在威尼克脑病（Wernicke 脑病）的人身损害后果。医方上述医疗过失与患者威尼克脑病的发生有因果关系，是患者罹患威尼克脑病的主要原因，而威尼克脑病亦与个体差异有关，且本例患者病情变化迅速给及时明确诊断造成了一定的困难，这些因素在患者目前人身损害后果中也起到了一定的作用。

3. 在患者出现威尼克脑病的部分临床表现后，医方给予了相应的检查、院内外会诊，明确诊断后医方给予了相应的治疗。

营养补充和胃肠内、外营养支持治疗是围手术期需要高度关注的事项。因维生素 B_1 摄入不足且补充不足引发的代谢性脑病虽不多见，但后果严重。本例提示我们应密切关注患者术后出现的各种异常，并采取相应措施。

（庄立君）

No. 45
ERCP + ENBD 手术死亡一例

▌ 案情介绍

2005 年 9 月 14 日，患者因"间断发热 10 个月，加重 1 个月伴皮肤黄染"就诊于××医院，入院诊断为"梗阻性黄疸"。入院后，于 2005 年 9 月 20 日行 ERCP（经内镜逆行胰胆道造影）+ENBD（鼻胆管引流）手术，诊断为胆总管下段狭窄，考虑恶性可能性大。术后，周某发生急性胰腺炎，予抗炎、解痉等治疗后腹痛症状好转，黄疸减轻。2005 年 9 月 29 日起，周某出现发热、间断腹痛，鼻胆管引流不畅，于 2005 年 10 月 11 日行 ERCP + 内支架置入术。术后又于 2005 年 10 月 18 日更换胆道内支架，病情未见好转，2005 年 10 月 26 日再次行 ERCP 手术，更换为鼻胆引流管。此后患者病情逐渐加重，出现意识不清、呼吸衰竭等表现，最终于 2005 年 11 月 8 日死亡。

▌ 争议焦点

患方认为：

1. 医方对患者入院后第一次做 ERCP 无适应证。

2. 第一次 ERCP 术后发生鼻胆管引流不畅期间，被告医院的诊疗行为存在延误。

3. 第三次 ERCP 手术中被告医院擅自置换胆道内支架，术前未告知。

4. 第四次 ERCP 手术时机存在延误。

5. 被告医院的上述过错行为与周某的死亡存在因果关系。

医方认为：

1. 我院的诊断正确，治疗方法得当，术前履行了风险告知义务，诊疗行为符合医疗规范。

2. 患者引流管反复堵塞是造成急性化脓性胆管炎的根本原因。

3. 患者出现的病情变化是由于其原发病的严重性和术后客观存在的并发症引起，其死亡的后果与我院的诊疗行为无因果关系。

鉴定结论

（一）××医院的诊疗过程评价

1. 入院诊断明确，ERCP 适应证存在。

2005 年 9 月 14 日，患者因"间断发热 10 个月，加重 1 个月伴皮肤黄染"入住××医院，入院诊断为"梗阻性黄疸"，行 CT 检查示"右肝囊实混合性占位"，于 2005 年 9 月 20 日行 ERCP 手术并置入鼻胆引流管。术后患者出现上腹部疼痛，急查淀粉酶升高，提示术后胰腺炎。医方予以抗炎、解痉等药物治疗后，患者腹痛症状好转，黄疸减轻。

医方对患者的上述诊治过程中，入院诊断明确，ERCP 适应证存在，行鼻胆引流管置入的式式选择得当；ERCP 术后发生胰腺炎，属该种手术的常见并发症，医方的相关处置基本得当，无明显医疗过错。

2. 对患者胆道感染的处置不积极。

患者 2005 年 9 月 29 日出现发热、上腹痛、鼻胆管引流量少等情况，医方考虑存在胆道感染，予以抗生素升级、抽吸胆汁、引流管冲洗等处理。但在 2005 年 9 月 29 日至

10 月 8 日期间，患者间断发热、腹痛，黄疸加重，同时鼻胆管引流量时多时少，提示引流管可能"通而不畅"，且有感染。但医方对患者病情重视不足，未进行必要的总胆红素等指标观测，亦未及时联系外科会诊，存在诊治不够积极的医疗过失。

3. 2005 年 10 月 18 日所行胆道内支架置换术的手术方式值得商榷。

2005 年 10 月 11 日，行 ERCP + 胆道内支架置入术，术后患者病情一度有所好转。但自 2005 年 10 月 16 日起，患者再次出现发热症状，医方于 10 月 18 日及时行 ERCP 检查，术中见支架内"无胆汁流出"，证实原有胆道内支架堵塞，医方对其进行胆道内支架置换术。

该术式不存在合理性。此前，本例已发生过鼻胆外引流管不畅及胆道内引流管堵塞的情况，从引流效果和观察病情的角度来看，此次 ERCP 术中以放置外引流管为宜，或可考虑外科手术介入治疗。因此，×× 医院 2005 年 10 月 18 日所行 ERCP + 胆道内支架置换术的手术方式不合理。同时，在此次术前，告知同意书中未明确本次手术的具体术式，存在医疗缺陷。

4. 对患者胆道梗阻的处置不积极。

2005 年 10 月 18 日 ERCP 术后，患者间断低热，在 10 月 23 日至 26 日期间病情危重，出现高热、血压下降等情况，此期间的血生化指标明确提示胆道感染，但医方对于胆道内支架情况的观察不够到位，对胆道梗阻的处置不够积极。直至 2005 年 10 月 26 日才行 ERCP 检查，术中记录拔除原支架时"可见大量脓性胆汁涌出"，说明原胆道内支架再次堵塞且程度严重。因此，被告医院对患者的胆道梗阻处置不积极，存在医疗过失。

5. 2005 年 10 月 26 日术后，患者病情进一步加重，出现 DIC、感染中毒性休克、呼吸衰竭等情况，××医院对其实施的相关抢救措施无明显过错，最终患者于 2005 年 11 月 8 日因抢救无效死亡。

6. 关于患方提出的病历书写方面的争议应属法律问题，非本次医疗过错技术鉴定范畴。

（二）患者死亡后果的因果关系分析

患者于 2005 年 11 月 8 日死亡，鉴于患者死后未行尸体解剖，目前确切的死亡原因难以准确评价。根据现有资料，考虑其死亡原因为：重症胆管炎，梗阻性黄疸，DIC，感染中毒性休克，致多器官功能衰竭死亡。

现有资料显示，患者既往有肝脏占位病史多年，慢性胆囊炎病史 2 年余，曾在多家医院保守治疗，效果不佳。本次因"间断发热伴皮肤黄染"在××医院住院治疗，为明确诊断，行"ERCP"手术并多次放置内、外引流管，术后反复出现鼻胆引流管不畅及胆道内支架堵塞的情况。患者影像学片可见肝右叶近肝门处囊性占位，胆道造影见胆总管下段狭窄，不排除恶性病变的可能，但两次病理检查均未发现恶性细胞。因此，患者"胆道梗阻"的病因学诊断目前尚难以明确。

患者患有肝内或胆管系统癌性病变的可能性存在，同时，患者自身年龄大，基础疾病多，所患疾病疑难、复杂，后期因体质差、不能耐受手术治疗等因素，均与其最终治疗效果不佳有关。上述因素是决定其最终死亡的主要原因。

××医院在对患者的诊疗过程中，存在对患者"胆道感染、胆道梗阻处置不积极、胆道内支架置换术处置欠得当"等医疗过失行为，使患者一定程度地丧失了取得更好治疗效果的可能性，并与其最终死亡存在一定因果关系。

综合分析，××医院的医疗过失参与度考虑以 C 级（建议赔偿系数为40%）为宜。

▌分析评论

尸检，又称尸体解剖鉴定，是指为查明患者死因，运用法医临床学、病理学理论与技术对尸体进行检验、分析并作出相应的结论，阐明死亡原因及死亡方式，揭示疾病、特殊体质及医疗过错等因素与死亡的联系。从法医临床学来讲，医生根据患者病情作出的死亡诊断，都常带有一定的推测性质，而明确死因最准确、最客观的方式，即为尸体解剖。

与西方国家对尸检的开放性态度不同，我国传统观念中，尸体解剖是对死者的不尊重，也是对遗体的破坏，因此我国人民群众对尸检的接受经历了一个漫长的过程。

目前，我国关于尸体解剖的强制性规定，见于《中华人民共和国刑事诉讼法》第 129 条：对于死因不明的尸体，公安机关有权决定解剖，并且通知死者家属到场。以及《公安机关办理刑事案件程序》第 213 条：为了确定死因，经县级以上公安机关负责人批准，可以解剖尸体或者开棺检验，并且通知死者家属到场，并让其在《解剖尸体通知书》上签名或者盖章。死者家属无正当理由拒不到场或者拒绝签名的，不影响解剖。可见，考虑到刑事案件的社会影响及犯罪嫌疑人的危害性，对涉及刑事犯罪的死因不明的尸体，公安采取强制解剖形式，具体操作者为公安局的法医师。

与刑法规定的相反，我国民事纠纷中，对于死因判断采取"当事人主义"，即死者家属有权决定是否尸体解剖以确定死因。具体规定见于《医疗事故处理条例》第 18 条第

1款：患者死亡，医患双方当事人不能确定死因或者对死因有异议的，应当在患者死亡后48小时内进行尸检；具备尸体冻存条件的，可以延长至7日。尸检应当经死者近亲属同意并签字。医疗事故争议双方当事人可以请法医病理学人员参加尸检，也可以委派代表观察尸检过程。拒绝或者拖延尸检，超过规定时间，影响对死因判定的，由拒绝或者拖延的一方承担责任。该条款也是医疗纠纷中进行尸检的主要法律依据，而进行尸检的人员，是具有尸体解剖资质的鉴定机构的法医师。

　　尽管现代医学的发展日新月异，但是，人体的许多生理病理机能仍未被充分了解，外界刺激因素、自身潜在性病变、既往伤病以及医疗因素发生偶合，就可能导致死亡的突然发生。以笔者经历的一次尸检为例，某男在饮酒后，于公交车上无意中碰触到一名年轻女性，该女性反手抽打他一记耳光，某男倒地立刻死亡。经尸检，未发现死者有任何特异性体质或者既往伤病，法医无法明确死因以及与某女行为之间的因果关系，最终只能认定为"纠纷事件致人应激性反应死亡"。在医疗活动中，这种情况更为多见，由于患者隐瞒病史、身体存在潜在病变等原因，医务人员对其病情的了解可能并不全面，在此基础上采取的医疗措施可能没有规避风险，存在导致患者死亡的可能性。而临床医生对于患者死因的判断，是综合临床检查、病情表现、治疗效果等多种因素，结合医生的生理病理学知识判断得出的，存在一定的不确定性和推断性，更有一些医务人员为规避风险，故意将患者死因进行修改，这都需要尸检进行修正。

　　具体到本案，××医院对患者的死亡原因推断为：急性胰腺炎复发、梗阻性黄疸，而司法鉴定人结合病历给出的死因为重症胆管炎，梗阻性黄疸，DIC，感染中毒性休克，致多器官功能衰竭死亡。由于缺乏尸检资料，以上死因均为推断。而司法鉴定人在医疗过错及因果关系判定时，不会简单依据医疗机构的死因推断，而是综合全案进行自己的死因判断。当二者不一致时，需要考察没有进行尸检的具体原因，如果是医疗机构没有进行告知，则在医疗损害参与度基础上进行一定幅度的上浮；如果是患者拒绝进行尸检，则需要患方承担鉴定意见不利的后果。

笔者曾针对 200 例涉及死亡的医疗损害技术鉴定进行数据统计，对其中的数据进行分析后，得出以下几点意见：（1）临床上的死因诊断与尸检结论之间存在很大的偏差；（2）尸检可以明确死亡原因，并有助于减少医疗机构的赔偿责任和提高医疗质量；（3）尸检亦可发现纠纷事件中的刑事犯罪；（4）尸检可以揭露病历的伪造、篡改等情形。

尽管我国法律法规并未对医疗机构的尸检告知义务作出明确要求，但司法界普遍认为，该义务属于医疗服务合同的随附义务，即医疗机构作为医学知识和医学技术的优势方，在完成医疗服务合同的同时，有义务将与合同相关的信息向患者披露，如果医疗机构未尽到此义务，导致患者丧失知情同意权，则应当承担相应责任。

随着医疗机构普法的逐渐深入，故意不告知或者疏忽大意未告知患者尸检事宜的情形越来越少见。在实践工作中，存在以下几种常见的情况：一是当患者死亡后，其家属情绪激动，医务人员因担心激化矛盾而不愿与家属直接面对，未向患者家属告知尸检相关事项，导致错过尸检时机；二是告知后，患者家属既不同意尸检，也不愿意在尸检同意书上签字，医方没有保留相关证据，而一旦进入诉讼阶段，法院往往会要求医疗机构对尸检的告知进行全面举证。笔者建议在发生死亡的医疗纠纷事件中，医疗机构必须向患者一方告知尸检相关事项，如果对抗激烈，可以在公安机关人员在场的情况下予以告知；在患者拒绝尸检又不签字的特殊情况下，可以采取录音录像保留证据。一些医疗机构设立安装录像设备的谈话室，以便将谈话过程和告知内容进行保存，这值得推荐。

对于尸检告知，要注意告知对象必须适格。《医疗事故处理条例》明确了告知对象应当是近亲属，而《中华人民共和国民事诉讼法》对近亲属有明确规定，包括配偶、父母、子女、兄弟姐妹、祖父母、外祖父母、孙子女、外孙子女。除此之外的其他亲属，均不属于近亲属范围。在笔者处理的案例中，就有因为医疗机构的告知对象不适格，导致尸检同意书的效力不被法院认可，最终医疗机构承担责任的案例。因此，医疗机构在进行时间告知前，应核实对方身份，避免告知不当。

对于告知的内容，需要强调的是《医疗事故处理条例》第 18 条规定的两个时限，即常温下 48 小时，冷冻 7 天内。这是由于人体组织在死亡后，会发生自然分解和细胞溶解，时间越长，细胞溶解越严重，增加生物学检验的难度，如果考虑尸检前组织人员、安排解剖场地等情形，实际上临床留给患方考虑的时间是很短的。因此，医疗机构应在死亡发生后的第一时间向患方进行告知，给对方足够的考虑时间，以保证尸检结果的真实性和客观性。

（李　冬）

No. 46
ERCP 并发症死亡一例

■ **案情介绍**

患者，男，63 岁。2011 年 7 月 4 日因"右上腹不适 1 月，发现胆总管结石 4 日"入某医院外科治疗，2011 年 7 月 7 日下午，该医院在完善术前准备及手术谈话基础上，为患者行"内镜逆行胰胆管造影术（ERCP）＋篮网取石术"，术后 1 小时，患者即诉右上腹明显疼痛并伴有反复恶心呕吐，查血象血淀粉酶 241IU/L，谷草转氨酶 82IU/L，主治医师给予盐酸哌替啶及生长抑素治疗。7 月 7 日 22：40，患者出现持续性腹痛，恶心呕吐，7 月 8 日 10：00，行腹部 CT 检查，显示：（1）肝周少量积液；（2）胰头十二指肠周围渗出；（3）腹膜后肾周少量积液；（4）胸腔积液。7 月 8 日下午 13：00 复查血象，显示血淀粉酶 1139 IU/L，谷草转氨酶 48.0IU/L，考虑急性重症胰腺炎，不排除十二指肠瘘。

2011 年 7 月 10 日，患者病情加重转 ICU 病房，仍行保守治疗，病情进一步加重。7 月 12 日，该医院为患者行剖腹探查、胰腺被膜切开减压、胆总管切开探查、T 管引流、胃造瘘、十二指肠造瘘、空肠造瘘、腹腔引流术。

2011 年 7 月 11 日，患者死亡。

■ **争议焦点**

患方：（1）某医院在为患者选择治疗方案方面没有尽

到最佳注意义务；（2）未充分告知治疗方案的风险、替代医疗方案等内容；（3）抢救措施存在延误及不足。

医方：医疗行为没有违反诊疗规范，患者损害是 ERCP 的罕见并发症，其自身疾病的自然转归。

鉴定结论

2011 年 8 月 12 日，患者家属将该医院诉至某人民法院，经法院委托，由某司法鉴定机构就该案的争议问题进行医疗过错司法鉴定，鉴定结论认为："医院未告知患者及家属替代医疗方案，存在过失，影响患者的治疗方案选择，与患者死亡之间存在因果关系，参与度以次要左右为宜。"被告不服该鉴定结论，申请鉴定人出庭接受质询，经当庭质询，主审法官认为该鉴定依据充分，结论客观，依法予以采纳。

分析评论

2010 年 7 月 1 日生效的《中华人民共和国侵权责任法》第 55 条规定了医疗机构告知义务和患者知情同意权，首次提出了"替代医疗方案"的概念，由于缺乏相关的司法解释，医学界也没有该词的明确定义，导致司法界对该词的认识得不到统一，直接影响到医疗损害责任纠纷案件的审理。

根据现代汉语大词典的解释，"替代"意为："取代，用甲物质代替乙物质，并起到乙物质的作用。"《说文》中即有记载："代，更也。凡以此易彼，以后续前，皆曰代。"由此可知，"替代医疗方案"的字面含义为"能够取代现有医疗计划，并起到相同效果的另一套医疗计划"。替代医疗方案的选择是指在手术与药物、根治与姑息、激进与保守等相互冲突的治疗方案之间进行的选择，医师必须根据患者的具体病情进行综合评估，并将可选择的治疗方案向患方做出阐述和建议，以帮助患者作出最终的选择。

从"替代医疗方案"的字面意义理解，所谓的"方案"应为跨科室或者跨学科的医师实施的另一套完整的治疗计划，而绝非治疗方法的简单罗列。《中华人民共和国侵权责任法》第55条首先明确规定医务人员应向患者告知治疗措施，其次才是医疗风险和替代医疗方案。由主管医师向患者告知的治疗措施，应当已经包括了在本科室针对其疾病可以采取的治疗方法以及医师的选择建议。在此基础上，对"替代医疗方案"应包括以下两个层面：首先是本医院其他科室针对患者病情，能够实施的治疗方案，该方案的实施需要通过科室间协作或者转科来实现；其次是其他医院针对患者病情可能采取的治疗方案，该方案的实施则需要转院来实现。

以肝癌为例，如何选择治疗方案，要考虑患者的体质、肝癌生长位置及癌症分期、是否存在远处转移、标记蛋白是否明显以及患者经济能力等因素，同时需要考虑医疗机构的资质、技术擅长、围手术期护理水平等客观条件，医务人员应客观告知各种治疗方案，患者本人享有最终的选择权和决定权。患者根据以上条件综合考虑，会作出如下选择：（1）接受医务人员的医疗建议；（2）选择其他科室的替代医疗方案；（3）转院接受其他医院的替代医疗方案；（4）放弃治疗。替代医疗方案相关信息披露不足，将导致患者可能丧失以上选择权。

在讨论"替代医疗方案"的告知范围时，笔者认为应把握以下几条原则：

1. 替代医疗方案必须是已经成为诊疗常规的诊疗方法，

目前仍处于学术讨论范围或者临床试验阶段的治疗方案，不应作为替代医疗方案向患者披露，除非穷尽现有治疗措施仍无法改善患者病情，不得已采取实验性治疗方案。诊疗规范作为医务人员从业的基本技术规范，应当得到遵守，这是规范临床行为、保障患者安全的需要。从《中华人民共和国侵权责任法》第58条的规定也可看出，违反法律、行政法规、规章以及其他有关诊疗规范的规定，可以直接推定医疗机构存在过错。临床尚未成熟的诊疗方法，如某些专家的学术观点、尚处于临床试验的医疗方法，即使应用于某种疾病的治疗，医疗机构与患者之间所形成的也不是一般的诊疗合同关系，而是带有实验性质的临床医疗合同关系，该医疗行为的主要目的不是治疗特定患者的疾病，而是试验新的治疗方法，患者需要签订特殊的实验性医疗知情同意书。

2. 替代医疗方案应分为本医疗机构能够实施以及需转院实施的方案予以分别告知。患者诊治疾病，受其自身疾病、经济条件、地理因素等原因限制，在初诊时并不一定能够获得最佳治疗方案，同时，医疗机构受硬件设施、人员配备以及医院资质等因素影响，亦不一定能为患者提供最佳治疗方案。从保障患者生命健康权的角度考虑，应当将本院所能实施的治疗方案和其他医院可能实施的治疗方案均向患者进行告知，以便患者进行选择，此举是对患者知情同意权的充分尊重，也有利于为"替代医疗方案"划定客观的统一标准，在发生医疗纠纷后更便于厘清双方责任。

在明确替代医疗方案的范围后，应当讨论替代医疗方案的告知深度。笔者认为，这个问题应当分为两方面考虑，首先是具体到每种替代医疗方案，医务人员应当向患者告知什么内容；其次是医务人员对替代医疗方案的告知应当达到何种标准。

《中华人民共和国侵权责任法》第 55 条提到的"特殊检查和特殊治疗"，在我国法律中具有明确定义。《医疗机构管理条例实施细则》第 88 条规定："'特殊检查、特殊治疗'是指：（一）有一定危险性，可能产生不良后果的检查和治疗；（二）由于患者体质特殊或者病情危笃，可能对患者产生不良后果和危险的检查和治疗；（三）临床试验性检查和治疗；（四）收费可能对患者造成较大经济负担的检查和治疗。"结合《中华人民共和国侵权责任法》第 55 条第 1 款的规定，我们可以得知，替代医疗方案与常规治疗方案一样，都是以治疗患者疾病为最终目的；都具有风险性，可能对患者产生不良后果；都可能对患者造成经济上的负担。因此，笔者认为，医务人员为履行替代医疗方案的告知义务而所做的说明，应包括病情、治疗措施、治疗费用、手术成功率、并发症、医疗风险的存在等相关信息，而其在不同情势下具体说明之内容和范围有所不同。

对于医务人员告知义务的履行充分性上，学界存在两种不同的标准：其一是理性医生标准，其二是病人标准。

1. 理性医生标准。根据该标准的规定，在确认医生说明义务的充分性时，法院是根据医疗行业的操作程式和惯例，考察一正常的理性医生处于同样或者类似情况下会以何种方式向病人说明哪些方面的相关信息。该项判断标准在知情同意理论发展初期即已采用，并且至今在司法实践中仍得到大多数的支持。理性医生标准适用之合理性基础在于，医疗行为具有专业性，外行人一般不能合理地评价涉及说明义务履行等医疗决策的适当性，因此应由行业内标准予以衡量。

2. 病人标准。理性医生标准的采用并不能够充分保护病人的利益，更多的是倾向于医生的利益，其对于知情同意理论中病人自主决定权的因素并未予以充分考虑。该标准在其适用中，主要是探究病人就所建议治疗行为欲知晓哪些相关信息，即确定医生是否告知了对病人作出"同意"之医疗决定具有实质重要性的信息。而这些信息是否具有实质重要性，判断的主体是病人。因此，以病人接受程度为判断标准，形成两种观点：其一为理性病人标准；其二为特定病人标准。理性病人标准亦称为客观标准，指一正常人若处于同样情况下，对于相关信息的理解。特定病人标准亦称为主观标准，指从具体个案中特定病人的立场出发分析，其所需了解哪些方面具有实质重要性的相关信息，由于主观标准过于限制医生创造性，故在司法实践中使用较少。

笔者认为，从英美法系国家的立法变革来看，客观病人标准是主要发展方向。从我国司法实际情况考虑，应当采取客观病人标准为衡量医务人员是否已尽告知义务的标准。采用"合理患者标准"的理由是：第一，充分保护患者自我决定权，使医生履行对患者的最大诚信义务，考虑患者的最大利益。第二，"合理患者标准"和"合理医生标准"的最大区别在于，患者无须提供专家证言证明医生未履行告知义务，减轻了患者的举证责任。第三，"合理人"的标准是虚拟的，不会缺少告知标准。第四，决定告知患者何种医疗信息不是医生的特权，患者和医生一样，能决定特定信息对决定者来说是否重要。具体到替代医疗方案的告知，应以行业惯例和行业标准为参照。如卫生部委托中华医学会编纂的《临床诊疗规范》丛书，对具体疾病的治疗方法均作出详细介绍，可作为替代医疗方案告知的参照依据。

分析替代医疗方案告知瑕疵（主要分为告知不足和未予告知两种情况）与患者损害后果之间的因果关系，就要考虑该瑕疵是否在实质上影响了患者同意权的行使。即该信息一旦向患者披露，会对其判断和决定产生实质性影响，如有可能拒绝医疗或选择不同治疗方案。具体而言，应包括以下几方面：医务人员是否充分告知替代医疗方案；患者是否有充分时机接受替代医疗方案；患者选择替代医疗方案的可能后果；患者不选择替代医疗方案的可能后果。

替代医疗方案告知瑕疵与患者损害后果之间因果关系的判断则更为复杂。笔者认为，如果已经明确医院的替代医疗方案告知存在瑕疵，在判断因果关系之前，还要分析患者的具体损害后果。

如果患者的损害后果属于因为患者特殊体质等不可预知因素导致的医疗并发症，则首先需要评判其他替代医疗方案在风险性、预后、患者的耐受力等方面是否更适合本例患者；其次，作为一个理性的普通患者，在本例中是否更倾向于作出其他选择。如果以上两个问题均回答"是"，则判定医疗机构的替代医疗方案告知瑕疵与患者损害后果之间存在因果关系。但是，此处的因果关系参与度评判与医疗技术损害不同，因为对于医务人员的信息披露，患者享有最终的选择权，而每一个患者借此作出的选择都不一定相同，这里的参与度是以"理性普通患者"可能做出的选择为基础，进一步评定的值。

如果患者的损害后果属于操作不当、给药方法错误等医疗技术责任，仍需要评判其他替代医疗方案是否更适合本例患者以及理性患者的选择；在本例中是否更倾向于作出其他选择。如果以上两个问题均回答"是"，则判定医疗机构的替代医疗方案告知瑕疵与患者损害后果之间存在一定因果关系，但在具体参与度评判时，仅应作为医疗技术过错的加重因素；如果以上两个问题有一个或没有肯定回答的，则该过错与患者损害后果之间没有因果关系，在评判具体参与度时，仅考虑医疗技术责任的因素。

笔者认为，对于《中华人民共和国侵权责任法》第 55 条规定的"替代医疗方案"内容的遵守，医疗机构和医务人员具有不可推卸的责任。对于医疗机构而言，应当及时组织临床医务人员进行交流学习，及时获取最新的医疗知识。临床医生也应当积极学习本专业相关疾病的最新知识，以避免在替代医疗方案告知时存在不足。

（庄立君）

No. 47
腹腔镜胆囊切除术致胆道梗阻及肝总管断裂一例

▌ 案情介绍

　　患者于 2003 年 3 月 31 日至 4 月 23 日期间在某医院住院治疗。入院主诉：入院前三年进食油腻后感右上腹及上腹疼痛，为持续隐痛，阵发加重，并向右肩背部放射，三周前疼痛加重，为持续胀痛，阵发加重；经腹部 B 超提示胆囊管胆囊结石。

　　某医院 2003 年 4 月 3 日为患者在腹腔镜下行胆囊切除术。手术记录反映，医方采取 Trocar 穿刺，进腹腔镜。见胆囊壁无增厚，与周围无紧密粘连。分别于剑下及右肋下切皮及 Trocar 穿刺。钳夹胆囊并拉向外后侧，显露出肝十二指肠韧带，分别游离胆囊动脉和胆囊管，双重钛夹夹闭，分别切断。沿浆膜下分次电钩剥离，将胆囊剥除。胆囊床电凝止血。查无活动出血，钛夹无松动。取出胆囊。排气，拔除 Trocar 缝合伤口。

　　术后患者出现胆瘘，又于 2003 年 4 月 12 日于某医院行剖腹探查，腹腔引流术，当日手术记录记载：腹内有黄绿色胆汁样腹水，胆囊床创面无异常，胆囊动脉钛夹无松动，胆囊管残端钛夹有松动，并有少量胆汁溢出。重新双重结扎胆囊管残端，查无活动出血及漏胆，于局部喷涂生物蛋白胶进行封闭。患者于 2003 年 4 月 23 日出院。

　　出院后患者出现全身皮肤变黄，2003 年 7 月 16 日至

2003 年 8 月 11 日期间在 B 医院诊疗，临床表现为全身皮肤、黏膜重度黄染，右肋缘下存在轻度压痛。辅助检查：2003 年 6 月 23 日 CT 示肝门区梗阻，肝内胆管、左右肝管、肝总管扩张；2003 年 7 月 22 日经皮穿刺胆管造影检查显示左右肝管汇合以下约 1.5cm 处梗阻。血生化示：总胆素、直接胆红素、间接胆红素均增高。手术所见：肝脏呈高度淤胆、水肿状态，大网膜将切口下方粘连，封闭，分离粘连，见部分胃壁、大网膜及横结肠肝曲将肝脏面完全封闭，网膜亦呈黄染、水肿状态，先后清除 8 枚可见的钛夹，其中一枚钛夹移除后见肝脏面有少量胆汁涌出，分别从此漏胆汁处及 PTC 管处造影，证实肝总管在左、右肝管会合部紧贴肝脏面完全离断，2003 年 7 月 25 日行"开腹探查，左右肝管会合部－空肠端侧吻合，空肠 Roux－y 吻合术"。

▌ 争议焦点

患方认为某医院对患者的诊治过程中存在以下过错：某医院所行胆囊切除手术没有适应证；所行腹腔镜手术方式不合理；该手术具体操作有误造成胆瘘及胆管损伤。

医方认为某医院对患者的诊治过程符合医疗常规：临床诊断正确；存在手术适应证；手术方式的选择合理；手术具体操作规范；手术后钛夹松动、胆瘘是该手术并发症；胆囊切除术及再次手术有可能发生局部组织粘连致胆道梗阻，亦属难以避免的并发症；B 医院手术所见"肝总管在左、右肝管会合部紧贴肝脏面完全离断"，不符合患者手术后的表现。

▍鉴定结论

（一）关于诊断

患者 2003 年 3 月 31 日至 4 月 23 日在某医院住院治疗。李某入住主诉：入院前三年进食油腻后感右上腹及上腹疼痛，为持续隐痛，阵发加重，并向右肩背部放射，三周前疼痛加重，为持续胀痛，阵发加重。经腹部 B 超提示胆囊管胆囊结石。临床诊断"慢性胆囊炎急性发作，胆囊结石"有其依据，并且 2003 年 4 月 3 日手术后胆囊病理表现亦支持临床诊断。医院考虑腹腔镜胆囊切除手术存在适应证。

（二）关于治疗

某医院 2003 年 4 月 3 日腹腔镜胆囊切除术。手术记录反映，Trocar 穿刺，进腹腔镜。见胆囊壁无增厚，与周围无紧密粘连。分别于剑下及右肋下切皮及 Trocar 穿刺。钳夹胆囊并拉向外后侧，显露出肝十二指肠韧带，分别游离胆囊动脉和胆囊管，双重钛夹夹闭，分别切断。沿浆膜下分次电钩剥离，将胆囊剥除。胆囊床电凝止血。查无活动出血，钛夹无松动。取出胆囊。排气，拔除 Trocar 缝合伤口。

患者第一次手术后出现胆瘘，某医院对其实施第二次手术，2003 年 4 月 12 日手术记录显示，腹内有黄绿色胆汁样腹水，胆囊床创面无异常，胆囊动脉钛夹无松动，胆囊管残端钛夹有松动，并有少量胆汁溢出。重新双重结扎胆囊管残端，查无活动出血及漏胆，于局部喷涂生物蛋白胶进行封闭。

从某医院两次手术记录，与 B 医院的手术所见以及影像学的检查存在不一致的情况。

从 2003 年 4 月 12 日手术记录反映的情况，印证了胆瘘的存在，医院认为胆瘘是由于夹闭胆囊管残端的钛夹松动所致，对此采取针对性处理措施。但两次手术情况均未涉及左右肝管结合部的裂伤，因此，医院在手术操作中存在不当，术中检查不全面，造成左右肝管结合部的裂伤，亦未能就此采取及时的补救措施。患者第二次手术后，出现高位胆道梗阻，与某医院第二次手术中，未能明确胆瘘的原因，采取措施不当致使患者胆道高位梗阻的发生。

综上所述，某医院在对患者进行腹腔手术治疗过程中存在不当，造成其胆道梗阻及肝总管断裂，导致患者不得不接受胆肠吻合手术，某医院的医疗行为在患者出现的不良后果中起大部分作用（E级，理论系数值75%）。

■ 分析评论

本案在庭审过程中，某医院对鉴定结论不服，申请鉴定人出庭接受质询，并专门聘请一名肝胆外科专家作为诉讼代理人。庭审中，该代理人与鉴定专家争论的焦点在于：鉴定人对被告二次手术记录与实际情况不符的认定、对被告手术不当过错的认定是否依据充分。经过近1个小时的质询，最终认定该鉴定结论依据充分，予以采信。

本案发生于2012年《中华人民共和国民事诉讼法》修正之前，但该肝胆外科专家在庭审中的地位和作用却类似于修改后的《中华人民共和国民事诉讼法》中第79条规定的"专家辅助人"，笔者在此结合案情进行讨论。

2012年8月31日第十一届全国人民代表大会常务委员会第二十八次会议通过了《关于修改〈中华人民共和国民事诉讼法〉的决定》第二次修正案，并于2013年1月1日正式生效。与现行《中华人民共和国民事诉讼法》相比，修改后的《中华人民共和国民事诉讼法》增加了"专家辅助人"条款，即第79条："当事人可以申请人民法院通知有专门知识的人出庭，就鉴定人作出的鉴定意见或者专业问题提出意见。"

所谓专家辅助人，又称为专家证人，是指在科学、技术及其他专业知识方面具有特殊的专门知识或者经验的人员，根据当事人的聘请并经法院准许，出庭辅助当事人对案件事实所涉及的专门性问题进行说明或者发表专业意见和评论的人。在医疗案件中，专家辅助人是具备相应医学知识的人员，经过法庭准许，出席医疗纠纷鉴定会或者法庭审理，分析具体医疗行为是否存在过错，患者的损害后果是否与医疗行为之间存在因果关系，并对司法鉴定意见书发表质证意见。

允许当事人申请专家出庭对鉴定意见进行质证，是审判方式由职权主义审判模式向当事人主义审判模式转变的一种必然选择。根据现代法律精神以及程序理性，尽可能地为当事人设置充分的诉讼权利，并且使当事人所应当享有的诉讼权利用尽，以便尽量排除司法者可能产生的肆意与任性，是当代司法正当的程序价值与理念。允许当事人自行聘请专家作为证人出庭，对鉴定意见充分行使询问权、质疑权、质证权和辩论权等诉讼权利，可以借助一切可能的社会资源运用于司法程序，以便在审判中对案件事实的认定建立在现代科学技术、专业人才、专门设备充分运用的基础之上，使法官对案件事实的认定具备更高的科学性与更充分的客观性，从而解决因法官知识结构的局限性和专门知识的缺乏对于正确认定案件事实所产生的不利影响，维护法官的中立地位，有助于在证据制度上体现司法的公正与效率。

目前，我国医疗纠纷案件审理过程中存在过度依赖司法鉴定意见、以鉴代判的倾向。之所以出现这种情况是因为如果法官自行否认鉴定意见，将承担巨大的专业风险，很容易被指责为外行审判内行、滥用自由裁量权或者不懂得科学。没有专家辅助人制度保障的情况下，即使鉴定专家出庭接受质询，鉴定意见也不可能得到有效的执行，很难达到理想的审理效果。在美国民事诉讼中，专家辅助人制度是保证其庭审公正的重要保障。《美国联邦证据规则》第702条对专家证人证言的实质要件作了相应规定。我国引入专家辅助人制度，作为具备医学专业知识的专家辅助人，可以认真研究鉴定过程及鉴定意见，在法官主持下，可以通过向鉴定专家提问的方式，还原鉴定形成的过程以及得出鉴定意见所依据的事实和材料，以增强鉴定的透明度，使法官及双方当事人对送检材料是否适当、鉴定程序是否合法、鉴定所依据的事实及理论是否可靠等情况作出客观判断。

目前民事案件审理中，关于医疗鉴定的质疑主要来源于公正性和易理解性两个方面。专家辅助人参与医疗案件的审理，对这两个问题的解决都有帮助。首先，在目前的制度下，鉴定专家一般都是各学科的资深专家，声誉至关重要，一旦做出有悖公论的证词并被大众所获知，其所受的损失远比获得利益高；其次，专家辅助人在提高医疗鉴定意见的易理解性上，作用更为明显。通过专家辅助人的参与，对医疗鉴定意见进行解读，可以增强医疗纠纷鉴定的可信度，自然也可以提高庭审的效果和判决的说服力。

通过专家证人对鉴定意见的质询，加强鉴定人与当事人之间的交流，在质询与解释之间展示鉴定意见形成的基础与思路，也可以提高鉴定意见的可信度、真实性与科学性。由此避免在司法实践中通过不断提高鉴定机构的级别来换取鉴定意见可靠性的行为，以减少诉讼成本，提高诉讼效率。相反，如果专家证人不出庭作证，由于医疗纠纷涉及医学上的专业性问题，即便其出具了书面的答复意见，当事人以及法官仍然会对案件的许多事实存在疑惑。因此为了保证鉴定意见的真实性，引入和深入贯彻实施专家证人制度是必然的。同时我们可喜地看到在司法实践中，越来越多的专家证人出现在医疗纠纷中，并且不断有专家证人出庭对鉴定意见作出合理的质疑而被法院采纳的案例。

　　当然，在司法实践中对出庭质询的专家证人要进行严格界定：第一，专家证人的法律定位是证人，其权利义务应同于证人。因此专家证人与证人一样，不应享有任何特权和优待。至于专家证人资格的认定，由审理本案的法官认定。当事人提出专家证人的名单，并且说明专家证人的资格条件，法官认为符合专家证人要求的，即可确认其专家证人的资格，准许其作为专家证人出庭，为法庭提供专家证言。第二，作为当事人所聘请的出庭对鉴定意见进行质证的专家证人，应当具备以下3个基本条件：（1）作为专家证人，必须具有与参加诉讼案件所涉及的某一特定领域或某一特定行业内的专家所具有的专门知识、技能、经验，例如，涉及妇产科方面专门性问题的医疗纠纷案件，只能由在妇产科方面具有专门知识和丰富临床实践经验的医师担当专家证人，而不能由外科或内科专家担任专家证人。（2）作为专家证人的证言所表达的意见、推论或结论，是依靠专门性的知识、技能和经验而作出的，而不是依靠一般人所具有的常识。（3）作为专家证人，必须对自己依据案件事实、证据所提出的意见、推论或结论作出合理的肯定程度的证明。专家证人在出庭对案件专门性问题进行说明时，不得使用猜测性或者模棱两可的语言。

　　目前，我国法律对专家辅助人意见的效力没有明确的规定。但是根据《中华人民共和国民事诉讼法》的规定，专家辅助人意见不属于证据种类，法院也不需要必须采信。专家意见是专家辅助人从专业和科学的角度对案件中涉及的某一领域内的问题所发表的评价、看法，笔者认为这些专家辅助人意见通过法庭的对质和辩论，对技术证据的认定具有辅助证明作用，但不能成为认定案件事实的直接依据。同时，并非所有的专家辅助人意见都能理所当然地被采纳，对于专家辅助人意见也要经过严格的审查才可以最终采纳，并且意见是否采信，并不是看该专家在相关领域的知名度或者研究成果，而是要遵循"综合采信原则"，综合考虑是否采纳或者是采纳多少。综合采信原则的具体标准包括：一是专家辅助人意见所依据的基础材料是否真实可靠；二是作出专家辅助人意见所依据的技术标准或规则是否是该领域内普遍认可的；三是说明在做出专家辅助人意见时使用的技术或者对基础事实的加工方法的合理性。

专家辅助人参与到诉讼中，既要对当事人负责，也要对法庭负责。根据我国现有的法律规定以及设立这一制度的初衷，专家辅助人在诉讼中应该具有以下权利：（1）对案件中相关技术资料的知悉权；（2）对专门性问题的说明权，可以协助当事人或者诉讼代理人对案件中的专门性问题进行说明；（3）对鉴定人的质询权，鉴定人有义务回答，没有正当理由不得拒绝；（4）对委托人无理要求的拒绝权，若当事人要求专家辅助人采用非法手段或者违背科学性提供意见，有权解除委托合同；（5）获得报酬的权利。

专家辅助人在享有权利的同时，必然要承担与之相应的义务：（1）认真履行当事人的委托；（2）不得在同一案件中接受双方当事人的委托；（3）遵守科学准则向法庭提供专家意见，不得任意解释；（4）保守在诉讼中所知悉的国家秘密和当事人的商业秘密，不得泄露当事人的隐私；

（5）依法参与诉讼，在庭审中接受当事人和法官的询问。

在双方都聘请了专家辅助人或者是专家辅助人与鉴定人并存的情况下，很容易出现专家意见之间或者专家意见与鉴定结论之间的不一致，此时就需要利用"综合采信原则"对两者进行审查，通过法庭质证的程序，发现专家意见或鉴定结论所依据的数据、事实是否准确，使用的方法是否被普遍接受，最关键的是找出造成二者分歧的焦点所在，从而围绕这一焦点展开调查，最终确定二者证明力的轻重。

鉴定机构出具鉴定结论的立足点是医学专业知识，其没有从法律的角度充分研究双方当事人所处的地位及由此而产生的法律后果，因此具有不可避免的局限性和片面性。将医学层面的责任简单等同于法律层面上的责任，仅从医学角度来认定医疗机构应承担的民事责任是有失偏颇的。

具体到本案，医疗机构有意识地聘请具有专门知识的专家来对鉴定意见进行合理质询，符合现代法治精神，是对自身权益的保护。

对于本案在鉴定人质询阶段的焦点，笔者想对医疗机构提出如下分析和建议。病历是医疗损害技术鉴定的基础材料，也是医院双方争议的第一个焦点。对于病历争议，可以分为几种情况：（1）通过影像学资料、实验室检查、其他医疗机构病历等资料综合判断，发现与实际情况不符；（2）存在违反《病历书写规范》的书写瑕疵；（3）笔误。本案就属于第一种。经过鉴定人的综合分析，被告北京市某医院的手术记录与实际情况不符，因此没有予以采信。在《中华人民共和国侵权责任法》生效后，这种情况患方甚至可以主张"伪造、篡改"而要求医疗机构承担相关责任。

对于医疗机构而言，要对新《中华人民共和国民事诉讼法》带来的改变有清醒的认识，摒弃之前"唯司法鉴定意见为准"的思路，在发现鉴定结论不公正、不客观时，通过专家辅助人的参与，使审判人员对案件事实有清醒的认识，并帮助法官作出公正的判决。

（李　冬）

No. 48

ERCP＋EST＋取石术致胆道感染等一例

■ **案情介绍**

患者于 2010 年 1 月 14 日在某医院住院治疗，诊断为：胆总管结石。入院时情况：患者右上腹阵发性疼痛，与进食有关，向肩背部放散，B 超示胆道梗阻伴胆管局限性扩张。腹部 CT 示：右肝内胆管和胆总管扩张。入院诊断：胆总管扩张原因待查；胆管结石；胆管癌。2010 年 1 月 27 日，某医院为患者行 ERCP＋EST＋取石术，取出泥沙样结石，术后患者出现胰腺炎，予禁食水，抗炎，抑酶治疗。2010 年 2 月 2 日行 ERCP＋ENBD，术中见胆管脓性分泌物，术后鼻胆管引流通畅，但患者仍高热。2010 年 2 月 16 日 B 超示肝脓肿，于 2010 年 2 月 18 日在 B 超下肝穿刺 PTCD 引流术后体温下降，曾试行两次夹闭引流管，但胆汁自行溢出，于 2010 年 5 月 8 日转入外科。2010 年 5 月 10 日全麻下肝六、七段切除术，胆道探查＋T 管引流，粘连松解术，术后仍发热，使用多种抗生素抗感染，体温正常，腹痛消失，T 管引流物为鲍曼不动杆菌，经全身应用抗生素和局部冲洗等方法不能消失，2011 年 1 月 11 日由外科主任拔除 T 管，窦道已闭合，无感染等征象，无腹痛、发热等不适。于 2011 年 3 月 17 日出院。出院诊断：胆总管结石，肝内胆管扩张合并化脓性胆管炎，肝叶部分切除术后，急性胰腺炎，弥漫性血管内凝血，胆囊切除术后。

患方认为：由于被告北京某医院的医疗行为中存在医疗过错，故起诉至人民法院要求被告对其予以赔偿。

■■ 争议焦点

患方认为：

1. 误诊、漏诊肝内梗阻性化脓性胆管炎35天，并引发败血症。

2. 持续误诊、漏诊肝内梗阻性化脓性胆管炎，未手术解除病变部位胆管梗阻长达120天，导致患者长期处于严重肝、胆感染状态。

3. 患者住院120天后转入外科手术，但手术未能切除病变肝段，急性梗阻性化脓性胆管炎的梗阻因素未解除，导致患者长达427天感染不能控制。

4. 普外科没有任何依据地将患者肝内梗阻性化脓性胆管炎所致的胆管扩张的诊断变更为肝内胆管狭窄。

5. 经治医生针对患者肝内囊状扩张的胆管与胆总管之间梗阻的疾病特点，未尽到注意义务，导致手术中无法确定囊状扩张的肝内胆管的部位，误切正常的肝段。

6. 消化内科在行ERCP手术中，导丝刺破胆道，导致胆汁的侵蚀、感染。

7. 告知不充分。切肝手术前未进行术前讨论，未对术中可能找不到囊性病变区等手术风险告知患者及家属。

8. ERCP检查发生严重院内感染，导致患者发生绿脓杆菌败血症。

总之，医方之医疗过错导致患者承受长期病痛的折磨、高额的医疗费用、长时间误工及精神损害，以及肝脏部分切除，肝内梗阻、囊性病灶依然存在等损害后果。

医方认为：

1. ERCP 术前诊断明确，胆管扩张原因待查，胆管结石？存在明确 ERCP 适应证，且无手术禁忌证。

2. 术中操作无不当。

3. 术后出现急性化脓性胆管炎、急性胰腺炎、肝脓肿为手术并发症，在并发症发生后，我们积极采取了相应的救治措施，挽救了患者生命。

4. 术后 3 月 15 日 MRCP 结果提示胆管及胆总管较前明显变窄，扩张程度减轻，达到了治疗目的。

总之，本院的医疗行为符合诊疗规范，不存在医疗过失。

鉴定结论

根据现有病历材料，并请有关专家会诊，现就相关问题分析如下：

（一）被鉴定人所患胆道系统疾病的诊断分析

被鉴定人因"右上腹阵发性疼痛，与进食有关，向肩背部放散"于 2010 年 1 月 14 日入住某医院住院治疗，B 超显示胆道梗阻伴胆管局限性扩张，腹部 CT 示：右肝内胆管和胆总管扩张。入院诊断：胆总管扩张原因待查；胆管结石；胆管癌。2010 年 1 月 27 日行 ERCP + EST + 取石术，取出泥沙样结石，术后患者出现胰腺炎、化脓性胆管炎、肝脓肿、DIC 等病症，于 2010 年 2 月 2 日行 ERCP + ENBD 术。2010 年 2 月 18 日至 21 日间先后三次行肝穿刺 PTCD 引流术，后多次试行夹闭引流管但胆汁自行溢出，于 2010 年 5 月 10 日行肝六、七段切除术等治疗。2011 年 3 月 17 日出院。出院诊断：胆总管结石，肝内胆管扩张合并化脓性胆管炎，肝叶部分切除术后，急性胰腺炎，弥漫性血管内凝血，胆囊切除术后。

目前经请专家仔细分析其病史过程，并审阅相关影像学资料，目前明确其所患胆道系统疾病为肝内胆管狭窄并扩张、胆总管结石。

（二）某医院的诊疗行为评价

现审查某医院对被鉴定人的医疗行为，存在如下医疗过失：

1. ERCP术前对可能存在的风险预估不足。

本例被鉴定人ERCP术前MRCP检查提示："肝右叶胆管走行区囊性病灶，异位胆囊；肝内局部胆管扩张；或变异畸形。"在此情况下，该院没有对影像学检查所示的肝内胆管限局性扩张的原因给予充分分析，鉴别诊断不够充分，进而对本例行ERCP检查的风险预估不足。

本例因ERCP术造影剂逆行入局限扩张之囊腔，囊内感染得不到充分引流，而致感染高热、术后发生化脓性胆管炎等病症。

2. 会诊不及时、外科处理有所延迟。

本例于2010年2月17日经全院大讨论诊断为肝内扩张胆管部位脓肿形成，后于2010年2月18日行肝穿刺PTCD引流术，部分缓解肝内胆管的梗阻压力，但感染反反复复，多次试行夹闭引流管不能成功。

我们认为：本例应在病情相对平稳后及时请外院专家会诊或本院外科积极干预以彻底解除胆道梗阻。但该院会诊力度不够，致使诊断不能及早明确，外科处理有所延迟，其医疗行为存在过失。

3. 手术切除部位不准确，未能全部切除扩张的肝内胆管及肝内胆管狭窄部位。

本例因肝内胆管狭窄、胆管扩张等病因而行肝段切除术。2010 年 3 月 8 日 PTCD 资料显示肝内扩张之胆管显影但未见造影剂向胆总管排出；ERCP 检查亦显示未见患者扩张的肝内胆管。上述材料说明被鉴定人包某肝内囊状扩张的胆管与胆总管不通。因此，不能用术中 T 管造影来确定肝内胆管扩张部位的方法来有效切除病变肝脏。但本例经治医生没有尽到必要的注意义务，没有针对本例上述临床特点，手术采用通常的 T 管逆行造影的方法确定肝内囊性扩张的胆管部位，导致切除部位不准确，可能误切部分正常肝段，同时漏切部分病变肝段。

（三）某医院的诊疗过失与被鉴定人不良后果的因果关系分析

被鉴定人目前遗有肝部分切除、肝内病灶未完全切除之不良后果。

应该说，肝内胆管狭窄的诊断及治疗，是临床上的难点问题。其治疗一般采用肝段、肝叶切除的方法。因此，本例被鉴定人肝脏部分切除之后果与其所患疾病治疗的正常转归有一定关系。

另外，需要强调的是：临床诊断行为限于检测技术手段、患者症状体征的限制，对复杂、疑难病症常常不能在短期内明确诊断；同时，作为疾病赖以诊断的症状、体征，又有多种疾病。其症状体征相似的临床特点，如本例被鉴定人入院时之表现可为胆管结石、胆管癌、胆管狭窄等多种疾病。医生一般形成了以常见疾病为临床印诊的思维定式，那么，在疑难杂症的诊治中，可能会出现诊断上的偏差。此为疾病的复杂疑难所致，不能认定为医疗过失。但上述因素，就本例而言，均与被鉴定人之不良后果存在一定程度的关联。

因此，我们认为，被鉴定人所患疾病的疑难复杂、临床处理的正常转归等因素是导致其不良后果的主要原因，同时，医方上述之医疗过失，无疑亦增加了被鉴定人包×胆道感染的机会及治疗难度，并与其目前所遗不良后果存在一定程度因果关系，综合分析，我们认为，医疗过失参与度以 C 级为宜（次要责任，理论系数 25%）。

分析评论

2010 年正式生效的《中华人民共和国侵权责任法》，首次对医务人员的高度注意义务提出了明确要求，具体见于第 57 条：医务人员在诊疗活动中未尽到与当时的医疗水平相应的诊疗义务，造成患者损害的，医疗机构应当承担赔偿责任。按照该法规定，"医务人员的高度注意义务"不仅包括成文的强制性规定，也包括医疗界已经达成共识的一些医疗风险预知与防范内容。

《中华人民共和国侵权责任法》第 57 条规定的高度注意义务，重点强调了应与"当时的医疗水平"相对应。何为当时的医疗水平？学界对此看法不一。一种观点认为，当时的医疗水平，应指医疗侵权行为发生时全国平均的医疗水平。举例而言，我国现行诊疗规范均未提出对腰间盘突出患者手术治疗前后应常规应用抗凝药物。

另一种观点则认为，"当时的医疗水平"不应仅仅认为是全国的平均水平，还应与当地经济发展水平、医院资质等因素有关。例如，北京的三甲医院与西北地区的二级医院，医务人员的注意义务要求就不应当以同一个标准衡量，对经济欠发达地区或资质较低的医院，应适当放宽注意义务的要求。

比较上面两种观点，笔者更赞同第二种观点，我国地域辽阔，各地经济、医疗水平发展明显不一致。笔者曾走访北京、上海、内蒙古、宁夏、河北等多家医疗机构，深刻体会到经济文化欠发达地区的医务人员业务素质、人文修养、设施设备等与发达地区相比较，差距十分明显。因此，在理解《中华人民共和国侵权责任法》第 57 条时，如果仅强调全国平均水平，是不妥的。首先该"平均水平"的标准难以认定；其次对于欠发达地区的医疗机构而言，该认定存在明显不公正，如果过于强调平均水平，则会导致医院承担过于严重的民事赔偿责任，对医务人员的责任心造成沉重打击，进而会对当地医疗事业发展带来消极影响。

在法律界有一条基本的法治原则"法不溯及既往"，通俗地讲，就是不能用今天的规定去约束昨天的行为。如美国 1787 年宪法规定：追溯既往的法律不得通过。法国民法典规定：法律仅仅适用于将来，没有溯及力。在我国，对"法不溯及既往"虽然没有明确的规定，但其精神体现在多部法律、法规及司法解释中。如《最高人民法院关于审理人身损害赔偿案件适用法律若干问题的解释》第 36 条就规定："本解释生效后新受理的一审人身损害赔偿案件，适用本解释的规定。已经做出生效裁判的人身损害赔偿案件依法再审的，不适用本解释的规定"。将"法不溯及既往"的原则扩大到医疗注意义务的评判中，我们可以得出这样一个原则：不能以现有的法律法规及医疗常规对其生效之前的医疗行为进行评判。众所周知，医学作为一种自然科学，是在不断发展进步的，许多现有的医学理论，在五年或十年后就可能被更为先进的理论所替代。如果用五年或十年后的眼光来看现在的医疗行为，则可能存在瑕疵或不足，但不能就此认为现在的医疗行为存在违法性。

但同时笔者认为，对于医疗机构地域性、级别性的差异，不应过分强调，仅应作为辅助性判断标准。对于违反法律法规、现行诊疗规范等强制规定的情况，应采取全国统一的标准，不应以医疗机构存在地域性、级别性的差异，而在认定时有所不同。而超出强制性规定的其他注意义务要求，可以适当放宽。

具体到本案而言，笔者认为，医疗机构应当承担相应责任。医疗机构的高度注意义务应包含"不得违反法律、法规、诊疗常规等强制性规定"的最基本内容。对于这些强制性规定，医务人员应当严格遵守，不存在地域性和级别性差异。本案中，患者肝内扩张之胆管显影但未见造影剂向胆总管排出；ERCP 检查亦显示未见患者扩张的肝内胆管；上述材料说明被鉴定人肝内囊状扩张的胆管与胆总管不通。因此，不能用术中 T 管造影来确定肝内胆管扩张部位的方法来有效切除病变肝脏，这属于《外科学》教科书中规定的内容。但本例经治医生没有尽到必要的注意义务，没有针对本例上述临床特点，手术通常采用的 T 管逆行造影的方法确定肝内囊性扩张的胆管部位，导致切除部位不准确，这属于违反诊疗规范之处。

同时，医疗机构对 ERCP 术前对可能存在的风险预估不足，会诊不及时、外科处理有所延迟等过失虽然没有违反诊疗规范的强制性规定，但却属于高度注意义务的情形。被告某医院属于医疗水平较好的三甲医院，应当注意到这些潜在风险的存在，但却由于过于自信而没有规避，属于没有尽到与北京当地的医疗水平相当的注意义务，应承担相应的责任。

笔者从整理的医疗损害鉴定实例总结可见，对于相同的违反诊疗规范的过失，属于违反强制性规定的情形，鉴定人通常不会考虑地域、医院资质等因素，但对于超出诊疗规范强制性规定的范围，如业内共识、专家意见、权威论著、本学科最新研究进展等，会视情况不同，对参与度进行调整，这也要求医疗机构从本区域的客观情况出发，严格遵循诊疗规范的强制性规定，并积极跟随学科发展，以期在诊疗活动中尽到最佳注意义务。

（李　冬）

图书在版编目（CIP）数据

中国医疗诉讼与医疗警戒蓝皮书. 2015 年. 第 1 卷，肝胆／王岳，刘瑞爽主编. —北京：中国检察出版社，2015.7

ISBN 978 - 7 - 5102 - 1423 - 3

Ⅰ. ①中… Ⅱ. ①王…②刘… Ⅲ. ①事故 - 民事诉讼 - 案例 - 中国②肝疾病 - 外科手术 - 医疗事故 - 民事诉讼 - 案例 - 中国③胆道疾病 - 外科手术 - 医疗事故 - 民事诉讼 - 案例 - 中国 Ⅳ. ①D925. 105②D922. 165

中国版本图书馆 CIP 数据核字（2015）第 095314 号

中国医疗诉讼与医疗警戒蓝皮书

（2015 年　第 1 卷·肝胆）

王　岳　刘瑞爽　主编

出版发行：中国检察出版社

社　　址：北京市石景山区香山南路 111 号 （100144）

网　　址：中国检察出版社（www. zgjccbs. com）

编辑电话：（010）88685314

发行电话：（010）68650015　68650016　68650029

经　　销：新华书店

印　　刷：保定市中画美凯印刷有限公司

装　　订：中煤涿州制图印刷厂北京分厂

开　　本：720 mm×960 mm　16 开

印　　张：17.25 印张　插页　4

字　　数：194 千字

版　　次：2015 年 7 月第一版　2015 年 7 月第一次印刷

书　　号：ISBN 978 - 7 - 5102 - 1423 - 3

定　　价：48.00 元